자기다움

자기다움

1쇄	2012. 11. 1
2쇄	2014. 11. 15

지은이	권 민
발행인	권 민
아트디렉터	안은주
마케팅	김일출
커뮤니케이션	조선화

인쇄	(주)상지사
발행처	모라비안유니타스
	서울시 마포구 동교동 201-49번지 1층
전화번호	(02)545-6240
팩스번호	(02)517-1921

ISBN 978-89-93574-93-7
값 15,500원

수록된 글, 사진, 그림 등은 모라비안유니타스에 저작권이 있습니다.
www.unitasbrand.com / www.unitasmatrix.com

unitas@unitasbrand.com

자기다움

| 서 문 |

 탈무드에 진실을 더하려면 진실을 빼라(When you add to the truth, you subtract from it)는 말이 있다. 수천 년 동안 내려온 경구이지만 나는 이 말을 나의 업에 그대로 적용하고 있다. 예를 들어 브랜드를 런칭하거나 브랜드에 관한 글을 쓰려고 할 때, 제일 먼저 하는 일은 내가 진실이라고 믿던 모든 것을 빼는 것이다. 거품을 빼는 작업이다. 이렇게 도저히 뺄 수 없을 때까지 빼고 나면 앙상한 '사실'만 남는다.
 마찬가지로 내가 나를 알기 위해서는 나를 만들기 위해서 과대 포장한 것들을 뺀다. 나의 것이라고 믿고 있는 것을 모두 빼야만 한다. 하지만 내가 나라고 인식하던 모든 것을 부정하고 버리는 것은 매우 어려운 일이다. 대체로 나에게서 빼고 싶은 것은 나의 것이고, 빼고 싶지 않은 것들은 나의 것이 아닐 때가 많다. 이것은 마치 나의 육체를 이루는 살덩어리 중에 지방은 나의 것이 아니고 근육만이 나의 몸이라고 믿고 싶어 하는 것

과 같다. 더 근본적인 이유는 내가 누구인지를 정확히 모른다는 것이다. 그래서 무엇을 빼야 할지도 모른다.

"당신의 자기다움은 무엇인가?" 이 질문에 대답하려면 마음이 복잡해진다. 나 역시 이런 질문을 받기 전까지는 나름대로 행복한 상태를 유지하고 있었다. 아니, 행복하다고 믿었다. 하지만 이 질문에 답하기 위해 5분만 생각해도 가슴이 답답해져 왔다. 엉뚱하게도 포장된 나의 정체가 탄로난 듯한 수치심 같은 것을 느꼈기 때문이다.

현대 사회는 내가 소비하고 소유한 것을 나다운 것이라고 말한다. 세상은 모든 매체를 통해서 브랜드를 구매하면 행복할 수 있다고 끊임없이 진지하게 속삭인다. 자기다움에 관한 질문을 받기 전까지 대부분의 사람들은 그렇게 믿는다. 그러나 막상 자기가 소유하고 있는 것이 '자기다움'이냐고 물어보면 본능적인 거부 반응이 생긴다. 인간이라면 누구나 소유 자체가 자신의 존재를 대신할 수 없다는 것을 잠시만 생각해도 알 수 있기 때문이다.

이렇듯 '자기다움'의 질문은 덧셈이 아니라 뺄셈이다. 오직 '나만의 것'이 아닌 '나'를 이야기해 보자. 과연 무엇을 이야기할 수 있을까?

이 책이 A4 용지 형태의 '원고'로 있을 때, 피드백을 받기 위해서 주변의 지인들에게 미리 보여 준 적이 있다. 원고를 본 그들에게 가장 많이 받은 질문 중의 하나가 '자기를 찾는 것'과 '자기다움'이 어떻게 다른지를 명확히 모르겠다는 것이다. 많은 책에서 '자기를 찾으면 자기다워진다'고 말하는데 내가 말하는 '자기다움'은 그것과 다른 것 같다고 이야기했다. 결론부터 말하면 자기를 찾는다고 자기다워지는 것은 아니다. 인간은 인간에 대한 깊은 통찰과 지혜가 없는 상태에서 자기를 찾으면, 자신의 존재가 하찮게 여겨져서 극단적으로는 자살을 선택하거나 이와 반대로 자신이 가지고 있는 것을 자기다움이라고 굳게 믿어 잘난 척하며 살게 된다.

이처럼 자기를 찾는 사람들이 알게 되는 진실은, 자신이 이토록 보잘것없는 존재라는 것을 인식하는 것이거나, 반대로 자기가 가질 수 있는 것을 더 많이 모으면 자기다움을 완성시킬 수 있다고 믿는 것이거나이다.

자기를 발견하는 것은 내가 나를 모르는 것과 남이 나를 아는 것 그리고 남이 나에 대해서 모르는 것과 내가 아는 것 사이에서 반짝이는 뭔가를 줍는 것이 아니다. 이미 우리는 지능 테스트부터 시작해서 각종 심리와 능력 테스트를 받았기 때문에 자신이 어떤 유형인지도 알고 있다. 그러나 자신의 유형을 알아 장단점을 조절하면서 사는 사람이 과연 몇 명이나 될까?

자신을 찾는 것은 '자기다움'의 과정일 뿐 결과는 아니다. 바다에 가라앉은 보물선을 찾는 것처럼 '자기다움'을 찾는 것 자체가 횡재는 아니다. 자기다움을 찾는 것은 마치 땅속 수천 킬로미터를 파고 들어가서 원광석을 캐는 작업과 같다. 원광석은 말 그대로 제련되지 않은 상태의 돌덩어리다. 이 돌을 녹여 100%의 순도인 금속을 얻는 작업이 바로 '자기다움'의 구축 과정이다.

1992년부터 지금까지 내가 일하는 분야는 마케팅과 디자인 영역에 겹쳐 있는 '브랜드'다. 최근 이 분야의 가장 큰 이슈가 바로 '자기다움'이다. 그 이유는 '차별화'를 구축하는 가장 유일하고 강력한 방법이 '자기다움'밖에 없다는 것을 많은 브랜드들이 애플과 같은 브랜드를 보고 알았기 때문이다. 아마 독자가 자신의 마음을 움직이는 강력한 브랜드를 떠올린다면 그 즉시 그 브랜드의 스타일, 컨셉, 메시지가 생각날 것이다. 그것이 브랜드가 추구하는 '자기다움'이다. 시장에서는 '자기다움'이 독점이라는 형태의 힘을 가진다. 독점(monopoly)은 그리스어로 '유일한(monopolian)'이라는 단어에서 유래한 'mono'와 파는 사람이라는 뜻을 가진 'plein'이 결합한 단어로 '유일한 것을 파는 사람'이라는 뜻이다. 모든 기업은 자신의 브랜드가 자기다움이라는 독점적인 스타일로 시장을 만들고 그곳에서 독점적 지위를 누리기를 원한다.

소비자에게 브랜드가 되었다는 의미는 '차별화'에 성공해 자신이 다른 상품과 비교할 수 없는 유일한 것임을 증명했다는 뜻이다. 브랜드의 궁극적 목표는 세상에 하나밖에 없는 유일한 것이 되어 다른 것에 의해서 대체되지 않는 것이다. 브랜드는 하나밖에 없는 것이 되어야만 시장에서 생존하고 존재할 수 있다. 예를 들어 분명 시장에는 애플보다 더 좋은 사양과 저렴한 가격의 노트북이 있음에도, 애플 마니아들은 애플 노트북을 대체할 수 있는 것은 없다고 말한다.

브랜드는 이런 차별화를 만들기 위해서 자기다움을 추구하고 있다. 그러나 놀랍게도 자기다움이 있는 브랜드를 만드는 사람들에게 정작 본인의 자기다움을 물어보면 아무 말도 못 하는 사람이 뜻밖에 많다. 이것은 참으로 아이러니한 일이다.

브랜드를 브랜드답게 하는 브랜딩은 일반적인 상품을 특별한 상품으로 만드는 모든 마케팅 행위를 말한다. 일반적인 상품이 특별한 상품이 되기 위해서는 유일한 것과 원본이 되어야 한다. 이런 관점으로 사람을 보면 사람은 브랜드와 달리 태어나면서부터 원본이고 유일한 존재다. 그러나 인간은 태어나면서부터 유일한 브랜드였지만 죽을 때면 대부분 그 누군가의 복사본(짝퉁)이 되어서 생을 마친다.

우리를 복사본으로 만드는 것은 놀랍게도 현재의 교육, 직장, 시장 그리고 대중 미디어들이다. 교육은 특별한 사람을 평범한 사람으로 만든 다음에 그중에서 제일 좋은 사람을 순위 매기는 시스템이 되었다. 직장은 특별한 사람들이 모여서 평범한 일을 하도록 강요하고 있다. 시장은 대중(유행)이라는 거대 시장을 만들기 위해 대중적 취향(대세)이라는 집단 히스테리를 일으키게 한다. 그 중심에 있는 대중 미디어는 이런 모든 것을 조장한다. 특히 인터넷이 발달하면서 우리의 가치는 단지 '좋아요'라는 감탄사로 진실과 영웅이 결정되는 세상이 되었다. 이런 환경에서 사람들은 '자기다움'이 무엇인지를 인식할 수 있을까? 그것이 어떤 형태로 존재하는지를 상상할 수 있을까?

이 책은 가치를 추구함으로써 가치 있는 인간이 될 수 있음을 이야기한《새벽 나라에 사는 거인》(2001)의 개정판이다.《새벽 나라에 사는 거인》의 초판 주제가 새벽에 일어나는 가치의 기적을 중심으로 썼다면, 개정판인《자기다움》은 '가치 구축의 방법'에 대해서 구체적으로 썼다. 《새벽 나라에 사는 거인》에서 말하는 새벽 가치를 제외하고 모두 다시 썼다.

60억 인류의 원본(인간)들이 모두 가치 있는 원본으로서 '자기다움'을 구축할 수 있을까? 이미 마이클 조던과 오프라 윈프리와 같이 '자기다움'을 자신의 능력과 잘 결합하여 휴먼 브랜드가 된 사례는 많다. 하지만 지구상에 사는 60억 명이 모두 그들과 같은 상업적인 휴먼 브랜드가 될 수는 없다. 나는 이 책에서 60억 명 모두가 시장성이 뛰어난 휴먼 브랜드가 될 수 있다는 부두교의 주문을 외치지는 않는다.

이 책은 60억 명 모두가 원본이기 때문에 그 자체로서 가치 있고, 자신의 원본 가치를 추구해야 하며, 60억 명의 '자기다움'으로 '우리다움'이라는 또 다른 가치를 만들 수 있다는 것을 말하고 있다.

"당장 먹고살기 바쁜데 자기다움을 발견해서 지금 어떻게 하란 말인가? 단지 이상일 뿐이지 않은가?"

이 질문은 원고를 검토했던 편집팀 에디터의 피드백 중에 나온 질문이다. 어쩌면 이 책은 이 질문의 대답으로 '자기다움은 이상이 아니라 현실이며, 잘살고 잘 먹기 위한 참으로 영리한 생각이다'라는 생각을 설득하기 위해 작정하고 쓴 책일지도 모른다. 그래서 이 책은 '자기다움은 이상이 아니라 현실의 대안이다'라는 메시지를 끈질기게 주장하고 있다.

"당신의 '자기다움'은 무엇이라고 생각하는가?"
"당신에게 남과 다른 것이 있다면 무엇인가?"
"당신의 자기다움으로 우리다움을 어떻게 구축할 수 있는가?"
"도대체 그 '자기다움'으로 무엇을 할 수 있는가?"

평생 살면서 이런 질문을 받는 일은 지극히 드물다. 그러나 누구나 스스로 꼭 두 번은 자신에게 묻는다. 첫 번째는 다니던 직장을 그만두고 나올 때다. 두 번째는 노인이 되어서 이제는 아무것도 할 수 없을 때다.

어떤 질문은 대답보다 가치가 있다.

권 민

자기다움
Contents

서문
들어가는 글
자기답게 일하기 ● 16
자기다움으로 일하기 ● 19
자기 변속기 ● 22
남과 같아지기 위한 자기다움 ● 26

1
다른 사람의 꿈에서 깨어나다

타인의 취향과 삶 ● 33
생활은 달인, 인생은 초보 ● 37
생각의 근육 만들기 ● 45
자살과 타살 ● 49
신의 직장과 귀신의 직장 ● 57
가슴에 감동이 없다면
심장에 박동도 없다 ● 60

2
자기다움은 아름다움이다

인생은 아름다워야 한다 ● 67
척 보면 알 수 있는 잘난 척 ● 73
자기다움이 필요한 이유 ● 76
용광로 사유(思惟) ● 84
미아보호, 자아보호 ● 91
인생은 여전히 아름다워 ● 96

3
자기다움으로 자기 세상을 창조하다

닳아 버린 얼굴 ● 105
자기다움을 이해하는 지능 ● 107
자기다움의 갈망 ● 114
Feedback ● 118
이것만이 내 세상 ● 124

4

자기다워지는 법

자기다움과 아이덴티티 법칙 ● 151
거듭남 ● 155
천개의 길 중에 하나의 길 ● 161
새벽 나라로 여행 ● 164
새벽 가치 ● 170
이물질 ● 174
새벽을 깨우는 꿈과 비전 ● 178
Poiema ● 181
Naming ● 185
Reading과 Leading ● 190
일(Work)과 일(ill) ● 196
자기다움에서 우리다움으로 ● 201
밤에 있는 새벽 시간 ● 207
'자기다움'의 연기 수업 ● 210

5

자기다워진다는 것은

기원(Origin)과
시작(Begin)을 이해하는 것 ● 225
질문에 대답할 수 있는 것 ● 230
침묵을 견딜 수 있는 것 ● 232
나를 선택하는 것이다 ● 238
의문사(疑問死)와 의문사(疑問詞) ● 240
나는 배웠다 ● 245
작전명; 새벽 나라에 사는 거인 ● 252
나의 별자리와 나의 일자리 ● 256

| 들어가는 글 |

자기답게 일하기

　나는 1991년 2월에 첫 월급을 받았고 2001년 6월에 마지막 월급을 받았다. 이후 지금까지 월급을 주는 위치에 있다. 각각 10년간 다른 입장에 있어 보았기 때문에 '월급의 의미'에 관해서 어느 정도는 균형을 가지고 말할 수 있을 것 같다. 간혹 '월급 받고 일하는 게 차라리 속 편하다'는 말을 들을 때가 있다. 많은 이유가 있겠지만 가장 큰 이유는 아마도 퇴근을 하면 회사 일을 잊을 수 있기 때문일 것이다. 반면에 '골목 가게라도 내 장사를 하는 것이 속 편하다'라고 말하는 사람도 있다. '대인관계에서 오는 스트레스'와 '자기 마음대로 하고 싶은 욕심' 때문일 것이다. 심지어 우스갯소리로 월급날이 빨리 오느냐 늦게 오느냐에 따라 그 사람이 사장인지 직원인지를 알 수 있다는 말도 있다.

월급쟁이로 일하고 있을 때 나는 연휴나 휴가 때가 되면 직장에 나와서 일을 하곤 했다. 상관이 왜 출근했냐고 물어보면 '일이 많아서요'라고 대답했다. 정확한 대답은 아니었지만 그때의 내 마음을 달리 설명할 수가 없었다. 이후 회사의 리더십이 되어서도 회사에 나와 일하기는 마찬가지였다. 이번에는 동료나 부하 직원들이 휴일에도 출근하는 이유를 물어보았다. 그러면 나는 아주 솔직하게 대답했다.

"일하는 게 아니라 연습하고 있는 거야."

올림픽에 출전하는 운동선수들은 길게는 2시간, 짧게는 9초 안에 끝나는 승부, 혹은 기록을 위해 4년 동안 피나는 연습(훈련)을 한다. 그뿐만 아니라 피아니스트, 가수, 무용가, 작곡가, 배우들 역시 하나같이 시간만 나면 연습을 한다. 그런데 왜 직장인들은 자기 일에 대해 따로 시간을 내어 연습하지 않는 것일까? 연습을 통해 하고 있는 일의 전문가가 될 수도 있고, 결국 자기다움을 구축할 수 있는데도 말이다.

지금도 나는 연휴나 휴가 때가 되면 평소에는 다룰 수 없는 어려운 주제와 작업을 가지고 일을 연습한다. 일상에서는 할 수 없는 어렵고 힘들고 모험적인 일들을 시도해보는 것이다. 그 과정을 통해 내가 다다를 수 있는 최고치를 확인한다. 이렇게 대답하면 사람들은 다시 묻는다.

"왜 (그렇게 적은) 월급을 받고 (이렇게 많은) 일을 하죠?"

나의 대답은 이렇다.

"나는 한 번도 월급을 받아 본 적이 없습니다."

그러면 대답을 들은 사람들은 의아해 하곤 한다. 만약 당신이 돈을 받고 일한다면 그것은 '노동'일 뿐이다. 그러나 돈을 주고 일하는 순간 '학습'이 된다. 진짜 좋아하는 것은 돈을 주고서라도 하는 법이다. 일을 노동으로 한다는 것은 스스로를 월급쟁이로 만드는 것이다. 월급쟁이는 월급보다 더 일하면 화를 내고, 덜 일하면 좋아한다. 남이 나보다 더 받으면 실망하고 덜 받으면 기뻐한다. 이 경우 기업은 말 그대로 매달 살아갈 넉넉한 용돈으로 그들을 고용하고 있는 것이 된다. 하지만 나는 비록 피고용인일 때라도 회사를 먹여 살리면 살렸지 회사가 나를 먹여 살리지 못하게 했다.

내가 회사에서 맡은 일은 주로 마케팅 기획이었다. 50페이지가 넘는 보고서를 작성하는 일이었는데 그때마다 나는 항상 3개의 안을 준비했다. 첫째는 지시사항 그대로, 둘째는 지시사항과 나의 제안 사항을 합쳐서 그리고 셋째는 완전히 나의 제안으로만 된 보고서였다. 이렇게 일하면 동료와 직속상관들은 칭찬을 하기는커녕 오히려 주의와 경고를 주곤 했다. 쓸데없는 짓이다, 아부하고 있다, 혼자 튀려고 한다거나 시간 낭비라며 비웃었다. 그러나 이것은 누구를 의식해서 하는 일이 아니었다. 그저 가장 나답게 일했을 뿐이었다.

직장에서 사람에게 주는 일과 월급은 절대적인 기준이 아니라 상대적 기준을 따르게 마련이다. 만일 호랑이 새끼를 강아지와 같이 키우면 개도 고양이도 아닌 애매한 애완동물이 되듯이 누구와 어떻게 일하느냐에 따라 그 사람에 대한 평가는 달라진다. 어떤 직장이든 직무기준과 진급순서 그리고 연봉 테이블이 있다. 하지만 이것 역시 상대적 기준에 의해서 만들어진 것이지 능력과 결과물을 따라 정해진 것은 아니다. 그렇다고 이것을 무시하라는 것은 결코 아니다. 다만 다수를 만족하게 하는 기준에 순응해서 자신의 능력을 하향 조정하거나 자기다움을 잃지 말라는 뜻이다.

자기다움으로 일하기

자기다움에 관한 강의를 마친 후 질문을 받았더니 맨 끝줄에 앉아 있는 사람이 손을 들고 이렇게 물었다.

"왜 일하세요?"

20년 전 취업을 위한 인터뷰를 하러 갈 때, 이미 그 직장에 다니고 있는 선배가 나에게 조언해준 말이 있다. 취업에 대한 이유를 물으면 절대로 '자아실현'이라고 답하지 말라는 것이었다. 직장은 자아실현을 하는 장소가 아니라 함께 일하고 성과를 나누는 곳이므로 자기중심적인 대답은 피해야 한다고 했다. 이때 선배가 말한 '자아실현'이란 '자기 멋(뜻)대로'를 비꼰 말이다. 선배가 알려준 면접을 위한 모범 답안은 '조직원으로서 최선을 다해 성과를 내고 그것을 나누는 기쁨에 참여하고 싶다'였다.

그런데 지금, 나는 함께 일하는 사람에게 직장은 자아실현을 위한 곳이라고 말한다. 내가 최고가 되면 조직도 최고가 될 수 있고, 자아실현의 과정을 통해 조직의 비전도 실현될 수 있다고 믿기 때문이다. 만약에 어떤 사람의 자아가 제대로(진짜로) 실현된다면 조직은 어떻게 변하고 성장할 수 있을까? 물론 동료를 이용해 자아실현을 하는 것은 '자기이익'을 위한 천박한 자기 목표 달성일 뿐이다. 이처럼 오직 자신만의 목적을 달성하기 위해 조직 생활을 하는 사람들을 자연계에서는 '기생'이라고 부른다.

나는 우리 회사에 취업을 지원한 사람에게 이런 질문을 한다. "당신이 진짜 에디터라는 것을 어떻게 증명할 수 있나요?" "당신이 진짜 디자이너라는 증거가 뭐죠?" "당신이 진짜 에디터가 되면 우리 잡지는 어떻게 달라질까요?" "당신이 진짜 디자이너라면 우리는 어떤 디자인을 볼 수 있나요?"

가끔 다른 회사에서 경력사원 인터뷰를 대신 해달라는 요청이 오면 이런 질문을 한다.

"당신이 진짜 마케터라는 것을 증명해주세요."

혹시 당신은 직장에서 진짜를 만난 적이 있는가? 그렇다면 이 질문의 숨은 의도를 이해할 수 있을 것이다. 하지만 이 질문이 말하는 '진짜'가 주는 의미가 모호하게 느껴지거나 전혀 감이 오지 않는다면 아마 당신은 '가짜'일 확률이 높다.

내가 말하는 자아실현은 단순한 목표달성(획득, 성취)이 아니라 진짜가 되는 것이다. 내가 진짜 마케터가 된다면 회사의 마케팅 역시 진짜가 될 것이다. 내가 진짜 디자이너가 된다면 회사는 비로소 진짜 디자인을 소비자에게 보여줄 수 있다. 그렇다면 여기서 말하는 진짜의 기준은 대체 무엇일까?

나는 출근과 퇴근을 할 때, 항상 스스로 질문을 하곤 한다. "나는 진짜 브랜드 전문지 편집장일까?" "내가 진짜라면 어떻게 취재해야 할까?" "내가 진짜라면 어떤 글을 써야 할까?"

 월급쟁이들이 목적으로 삼는 조직에서의 직위나 돈과 같은 상대적 질문이 아닌 나의 정체성을 확인할 수 있는 질문들이다. 이렇듯 나는 내가 누구인지 알기 위해서 일한다. 다른 무엇이 되기 위해서가 아니라 진짜 내가 되기 위해 일한다. 내가 진짜라는 것을 증명하기 위해서 일한다. 결코 편집장, 발행인 그리고 대표이사이기 때문에 일하지 않는다. 만약 이런 이유로 일하는 것이라면 그것을 '일'이라고 말할 수 없다. 내가 진짜가 되면 조직도 진짜가 될 수 있고, 조직이 진짜이면 조직원도 진짜가 될 수 있다. 나는 이것을 '자기다움'이라고 말한다.

자기 변속기 derailleur

 일을 통해 우리다움(직장)에서 자기다워지는 것, 자기다움에서 우리다워지는 것을 어떻게 설명할 수 있을까? 혹 변속기가 있는 자전거를 탄 경험이 있다면 쉽게 이해할 수 있을 것이다. 자전거의 변속기는 페달에 달린 변속기(체인 링)와 뒷바퀴에 달린 변속기(스프라켓)로 구분된다. 사람들은 경사와 속도에 따라서 이 두 개의 변속장치를 활용한다.

나의 자기다움은 '호기심' '창조성' 그리고 '개인(solo)'이다. 앞서 말했듯 개인 시간에 따로 직장에 나와 열심히 연습한 것은 바로 이 세 가지의 자기다움을 실천하기 위해서다. 내가 일을 통해 가장 큰 성과를 내는 부분 역시 이 3개의 자기다움이 극대화될 때였다.

그런데 지금 만들고 있는 〈유니타스브랜드〉라는 잡지의 우리다움은 '창조' '정직' 그리고 '연합'이다. 여기서 '창조'가 나의 자기다움과 일치하는 것이라면 '개인'은 '연합'이라는 우리다움과 맞지 않는다. 하지만 나는 '연합'이라는 우리다움을 따라야만 했다. 그렇지 않으면 회사와 조직을 제대로 운영할 수 없었기 때문이다. 물론 처음에는 나의 '자기다움'과 회사의 '우리다움'이 충돌해 매우 어려웠다. 그러나 이 충돌에 대해 '변속'이라는 개념을 적용하면서 결국 자기다움과 우리다움을 극대화하는 방법을 찾을 수 있었다. 마치 자전거 페달에 있는 체인 링처럼 나의 자기다움과 회사의 우리다움을 구분하기 시작한 것이다. 예를 들어 개인적인 자기다움과 회사의 우리다움이 부딪히면 그 중 일치하는 '창조성'으로 일하는 방식이다.

조직의 우리다움(방향과 성과)과 나의 자기다움(능력과 성향)을 이렇게 이해하게 되면서 이 둘을 조율할 수 있는 노하우가 생겨났다. 즉 조직의 일에 의해서 나를 양보하거나 희생하는 일 없이 최고를 지향하면서도 최적의 성과를 낼 수 있었다. 여기서 핵심은 자신의 자기다움을 정의하고, 구별하고, 다룰 줄 아는 것이다. 즉 끊임없는 연습을 통해 나만이 할 수 있거나 즐길 수 있는 최고의 기준과 수준을 이해하는 것이다.

피트니스 센터에 있는 사이클 머신을 타는 것과 진짜 자전거를 타는 것은 완전히 다른 경험이다. 사이클 머신을 통해서 확인할 수 있는 정보는 오직 숫자다. 이 숫자들은 내가 얼마를 달렸고, 칼로리와 시간은 얼마가 소모되었는지를 보여준다. 결과적으로 빠진 체지방과 늘어난 근육량을 눈으로 보여주는 것이다. 그런데 이렇게 사이클 머신을 타는 것처럼 일하는 사람들이 있다. 그들은 일하는 이유(페달을 밟는 이유)는 오직 돈을 벌기 위해서(체지방을 빼기 위해서)다.

이제 아무리 페달을 밟아도 항상 같은 풍경만 보여주는 사이클 머신에서 내려 앞에도 바퀴가 달린 진짜 자전거에 올라 타보자. 일은 돈을 버는 것뿐 아니라 자기다움을 구축할 수 있는 더 많은 기회를 만들어준다. 진짜 자전거에 올라 페달을 밟으면 다른 풍경을 보여주는 것처럼, 일을 돈이 아닌 자기다움을 알 수 있는 기회로 생각하는 순간 당신에게 또 다른 미래의 풍

아무리 페달을 밟아도
항상 같은 풍경만 보여주는 사이클 머신에서 내려
앞에도 바퀴가 달린 진짜 자전거에 올라 타보자.

경이 열릴 것이다.

자기 일이 다람쥐 쳇바퀴 도는 것처럼 항상 같다고 생각하는가? 그렇다면 누가 당신을 다람쥐로 만들었는가? 자신에게 부여된 일을 다람쥐처럼 하면 다람쥐가 된다. 다람쥐가 자신의 집안(조직)에서 원하는 것은 더 큰 먹이통(돈)과 더 큰 쳇바퀴(직위)일 뿐이다. 자기 일을 월급, 직위 그리고 다른 이들의 직업과 비교하거나 보이지 않는 조직의 오와 열을 의식하지 않을 수 있어야 한다. 그냥 자기답게 일하면 된다. 그러면 열정, 완벽, 창의 등 저마다 다른 자기다움의 결과를 얻을 수 있다.

남과 같아지기 위한 자기다움

아직도 자기답게 일한다는 것이 어떤 것인지 알기 어렵다면 이런 제안을 하고 싶다.

"당신이 지금 하고 있는 일을 자녀에게 인수인계한다는 심정으로 정리해보세요."

"만약 그 내용을 읽어주었을 때 자녀가 당신의 뜻을 이해하고 따르겠다고 말할까요?"

"그런 자녀에게 가장 먼저 무엇을 가르쳐 주고 싶은가요?"

이런 질문만으로 자기답게 일한다는 것의 의미를 모든 사람이 이해할 수 있게 설명하는 것은 어렵다. 하지만 '자기다움'이 어떤 마음가짐을 필요로 하는지는 짐작할 수 있을 것이다. 만일 당신의 자녀가 잡지를 발행하려고 한다면 어떤 방식으로 일하라고 충고할까? 돈뿐만이 아닌 그 무엇인가를 배워야 한다고 말하지 않을까? 지금 당신은 그 말대로 일하고 있는가? 그 무엇이 바로 자기다움의 방향이다.

마더 테레사는 이 세상에 천박한 직업은 없지만, 천박한 사람은 있다고 말했다. 그녀는 아무리 작은 일이라도 큰 사랑으로 한다면 위대한 일이 될 수 있다고 말했다. 누구나 할 수 있는 말이지만 자기다움으로 일했던 마더 테레사의 말이기에 울림이 크다. 그녀는 자기답게 일하는 방법을 우리에게 남겨주고 떠났다.

만약 당신이 일을 통해서 자기다움을 구축하고 싶다면 가장 먼저 남과 같아지려는 습관부터 없애야 한다. 간단하지만 가장 어려운 것부터 소개하겠다. 먼저 TV를 꺼라. 대중을 상대로 하는 모든 매체의 대중적인 정보를 차단하라. 디지털 용어를 빌려 말하자면 당신의 일상을 '포맷'하라.

나만 빼고 모두 보았다는 영화, 가장 최근의 베스트 셀러, 유명 연구소에서 추천하는 책, 많은 사람이 즐겨 찾는 장소, 남들이 다 하는 게임, 요즘 유행하는 패션 스타일, 모두가 좋아하는 명품 브랜드, 시간마다 들락거리는 인터넷 게시판, 매 분마다 쳐다보는 스마트폰의 앱, 누구나 보는 영어시험, 인기 절정의 연예인, 남들이 좋아하는 음식, 전도유망한 전공, 이 모든 것들을 당신의 삶에서 중단하거나 제거해보자. 과연 무엇이 남을까? 그제야 남의 것이 아닌 내 것을 찾을 수 있다. 어쩌면 그것들이 찌꺼기처럼 보일 수도 있을 것이다. 심지어 아무것도 남지 않을 수 있다. 그럼에도 새벽이나 혼자만의 시간을 만들어 스스로 끊임없이 질문을 던질 수 있어야 한다.

만약 불안함을 이기지 못하고 대중의 취향을 따른다면 결과적으로 당신은 '많은 이들 중의 하나'로 남을 것이다. 그래서 나보다 더 나다운(?) 그 누군가에 의해서 대체될 수 있는 부속품이 될지도 모른다. 오늘날 많은 이들이 다른 사람과 비슷하지 않으면 불안해하거나 뒤처진 것처럼 느낀다. 그래서 끊임없이 대중의 심중을 살피면서 자기가 아닌 '대중'으로 살아가고 싶어 한다.

우리나라의 많은 청년이 가진 꿈은 대기업 직원이나 공무원이 되는 것이다. 만약에 이 꿈이 '단지' 거대하고 안정된 조직의 일원으로서 자신의 삶을 의탁하기 위한 것이라면, 그 꿈이 이루어졌다는 것은 무엇을 의미할까? 비약으로 들리겠지만 '자기다움'의 관점으로 본다면, 원본으로서 완성품인 자신을 포기하고 복사본이나 부속품으로서의 삶을 선택하는 것일 뿐이다.

'나는 부속품이 아니라 완성품이다.'
'나는 복사본이 아니라 원본이다.'
정말로 이렇게 믿는가? 정말 믿는다면 다음의 질문에 답해보자.

"당신이 진짜 당신인지를 증명해달라!"
이 질문으로 자기다움을 찾기 위한 여정이 시작된다. 만약 당신이 스스로 하는 이 질문을 멈추지 않는다면 언젠가는 답할 수 있을 것이다. 그리고 그 대답이 바로 당신을 위한 자기다움의 정의다.

1

다른 사람의
꿈에서 깨어나다

세상에 나를 맡기면 세상은 나를 닳아 버리게 만든다. 하지만 내가 '자기다움'이라는 것을 의식하면서 '일'을 통해 나를 스스로 깎는다면, 나는 닳지 않고 조각될 수 있다. 스트레스, 해야만 되는 일, 생존 때문에 억지로 하는 일, 복종할 수밖에 없는 일, 먹고 살아야만 하기에 하는 일을 어떻게 나를 깎는 힘으로 바꿀 수 있을까? 바람을 등지고 돛대를 올려서 태평양을 건너가듯이, 내 안에서 부는 바람인 '자기다움'을 이해해야 한다.

타인의 취향과 삶

"이 나이가 되도록 내가 도대체 뭘 좋아하고 잘하는지 모르겠다."

45세의 나이로 한 달 뒤에 있을 명예(희망퇴직이라고도 부른다)퇴직을 기다리는 내 친구가 나에게 하소연을 하는 중이다. 친구는 아침에 전화하고 오렌지주스 두 통을 들고 점심 늦게 회사로 찾아왔다. 아마도 내가 브랜드 컨설팅 일을 하니까 프랜차이즈를 운영하는 브랜드 대표를 많이 알고 있으리라고 생각한 것 같았다. 내 친구는 유난히 더웠던 그해의 8월을 가장 춥게 보내고 있었다.

명예퇴직이라는 단어는 정년퇴직이 아닌 조기 퇴직을 말한다. 명예퇴직이라는 단어의 발상이 어떻게 나온 것인지 모르지만, 이 단어를 자세히 들여다보면 기분이 몹시 불쾌해진다. 명예(名: 이름 명, 譽: 기릴 예)의 정의는 세상에 널리 인정받아 얻은 좋은 평판이나 이름을 뜻한다. 브랜드 관점으로 본다면 명예란 '인지도와 충성도'라는 충만한 가치를 누리는 것을 의미한다. 이런 단어가 퇴직과 조합되어서 '젊은 사람 앞에서 추

'내가 좋아하는 것과 잘하는 것이 무엇인가?'라는
질문에 바로 대답하는 사람은 지극히 드물다. 반면에 어떤 사람이
자신이 '좋아하는 것과 잘하는 것'을 정확히 알고 있다면,
그는 자신이 어떻게 죽는가를 알고 있는 사람이라고 말해도
과언이 아니다.

한 꼴 보이지 않고 알아서 나가는 것'이 '명예로운 꼴'로 전락하고 말았다.

'내가 좋아하는 것과 잘하는 것이 무엇인가?'라는 질문에 바로 대답하는 사람은 지극히 드물다. 만약에 이 질문에 좋아하는 음식과 잘하는 게임의 종목을 대답했다면, 그 사람은 아직 이 질문의 의도를 정확히 이해하지 못하고 있다. 반면에 어떤 사람이 자신이 '좋아하는 것과 잘하는 것'을 정확히 알고 있다면, 그는 자신이 어떻게 죽는가를 알고 있는 사람이라고 말해도 과언이 아니다.

그렇다면 내 친구는 과연 자신이 무엇을 좋아하고 잘하는지를 몰랐을까? 전혀 모르지는 않았을 것이다. 단지 알려고 하지 않았을 뿐이다. 내 친구가 알려고 하지 않았던 이유는 알 필요가 없었고, 그 누구도 이런 질문이나 대답이 가치 있다고 말하지 않았기 때문이다. '무엇을 좋아하세요?'라는 질문은 남녀 미팅 때 나오는 질문이고, '무엇을 잘하세요?'는 신입생, 신병 그리고 신입사원으로 처음 조직에 들어갔을 때 받게 되는 질문이다. 둘 다 큰 뜻은 없고 다른 정보를 얻기 위한 유도 질문일 뿐이다.

만약 내 친구가 이 두 개의 질문에 대답하기 위해서 직장 생활 20년을 보냈다면 어떤 사람이 되었을까? 과연 조롱에 가까운 명예퇴직을 당했을까? 아니면 스스로 만족스럽고 남들이 부러워하는 명예로운 삶을 살고 있었을까? 분명한 것은 그 나이가 되도록 자신이 무엇을 좋아하고 잘하고 있는지 모르겠다는 말은 하지 않았을 것이다.

자녀가 있는 부모들은 자녀가 무엇을 좋아하는지 그리고 잘하는지가 궁금하게 마련이다. 그래서 일단 자녀를 학원에 보내서 남들이 하는 것을 시켜 본다. 여유가 있다면 많이 보내고, 그렇지 못해도 기본적으로 남들도 다 한다는 곳은 보낸다. 하지만 정작 학원에 보낸 후에는 자녀가 무엇을 좋아하는지와 잘하는지에 대해서는 관심이 없다. 보낸 학원에서 자신의 아이가 남들보다 얼마나 잘하는지에만 관심을 쏟는다. 경쟁으로 말미암은 자기 소멸의 기원이 바로 여기다.

내 친구도 이런 비슷한 출발과 과정을 거쳤다. 자신이 무엇을 좋아하고 잘하는지도 모르고 대학까지 마쳤다. 친구는 경쟁을 통해서 부지런히 쌓은 경력을 가지고 입사를 했다. 회사가 좋아할 만한 조건을 가진 친구는 자신이 좋아하는 것과 잘하는 것과는 별개로 회사의 필요에 의해 조직에 배치되었다. 내 친구는 그렇게 맡은 업무에 온갖 힘을 쏟아 그것을 좋아하고 잘하려고 했다. 그런데 지금은 자신이 좋아하려고 했던 일과 잘하려고 했던 일을 하지 말라고 한다. 자신이 좋아해야만 하고 잘해야만 하는 것을 하지 말라고 하니 더는 할 일이 없어졌다. 내 친구는 다시 원점으로 돌아갔다. '나는 무엇을 좋아하고 무엇을 잘하지?'

친구는 지금 다시 35년 전으로 돌아가 여러 창업 학원을 돌아다니고 있다.

생활은 달인, 인생은 초보

우리는 하루를 충실히 살아가는 일에 길들여져 있고 익숙해져 있다. 수많은 사람과 어떻게 함께 살아가야 하는지도 잘 알고 있다. 같은 드라마를 시청해야만 국민 감정을 이해할 수 있고, 같은 영화를 관람해야만 같은 즐거움에 동참할 수 있다. 같은 연예인, 같은 브랜드, 같은 생각 심지어 먹는 것까지 같아지려고 한다. 그렇게 길들여진 우리는 '아무거나'와 '같은 것으로'를 선호하게 되었다. 결국, 자신이 왜 그것을 선택했고 좋아하는지를 설명하지 못하게 되었다.

백화점 혹은 홈쇼핑을 보면 판매원들은 이런 이야기를 가장 많이 한다.

"손님, 이것은 제일 많이 팔리는 물건입니다. 강남 사람들이 제일 좋아하는 것입니다. 연예인들이 많이 입고 다닙니다."

사람들은 자기를 매우 중요하게 여긴다. 그런데 왜 결정적인 상황에서는 남의 결정을 따를까? 많은 사람이 결정한 것이 옳다고 믿는 이유는 무엇일까? 그것은 자신이 무엇을 좋아하는지 그리고 자신이 어떤 것을 사야 하는지를 모르기 때문이다. 그래서 대중의 취향을 나의 취향이라고 믿는다.

모든 사람에게 오직 한 가지 공통점이 있다면 모두가 다르다는 점이다. 그런데 사람은 대중과 함께 살아가기를 원하는 동시에 대중이 아닌 오직 자신만의 취향으로 살아가고 싶어 한다. TV 프로그램에서 어떤 연예인이 소품으로 들고 나온 상품들은 다음 날 아침 일명 '대박 상품'으로 둔갑하여 대중(그곳에 포함되어 있는 우리)을 요동시킨다. 이것도 드라마를 통해 설정된 피싱(속임수)임에도 불구하고 사람들은 알면서도 기꺼이 속아 넘어간다.

압구정 근처를 돌아다니면 세계 최대 규모의 성형 공단(?)이 들어선 것을 볼 수 있다. 성형 공장들은 비교하기 민망한 수술 전후 사진이나 TV에서 보았을 법한 얼굴들을 전시하고 있다.

당혹스러운 것은 사람들이 이런 사진을 보면서 혐오하는 것이 아니라 부러워한다는 것이다. 왜 이렇게 같아지려고 할까?

모든 사람이 소중한 이유는 모두가 다르기 때문이다. 지구상에 같은 지문을 가진 사람이 없다는 것을 굳이 남의 손가락을 들여다보면서 확인할 필요가 없다. 명동에 나가서 같은 옷과 신발 그리고 똑같은 가방을 든 사람을 과연 만날 수 있을까? 수천만 명이 있더라도 이렇게 같은 스타일로 입고 마주칠 확률은 거의 없다. 그래서 패션을 문화적 지문이라고 한다. 이처럼 사람은 생물학적으로도, 인류문화학적으로도 완벽히 모두 다르다.

분명 인간은 확실히 다름에도, 그 다름을 기준으로 자신이 무엇을 좋아하는지 잘하는지를 모른다. 그 결과로 인간은 원본으로 태어났지만, 누군가의 복사본으로 죽게 된다. 이렇듯 우리는 유일한 존재이며 유일한 삶을 살 수 있음에도 대중과 맞추기 위해서 자신의 존재를 스스로 희석한다. 잉여되거나 여분의 사람으로 전락하고 만다. 거북하게 들리겠지만 버려질 수 있는 존재가 되어가고 있다. 이처럼 우리는 하루하루 대중과 함께 살아가는 생존에 대해서는 달인이지만, 자신의 80년(평균 수명) 인생에 대해서는 초보 운전자다.

도대체 왜 우리는 자신이 좋아하고 잘하는 것(다른 사람과 구별되는 특이점)에 대해서 이토록 무지할까? 그 이유는 앞서 언급한 것처럼 우리나라 의무 교육이 우리가 사회 구성원으로서 조직에 참여할 때까지 우리를 '일반화'시켰기 때문이다. 누구나 사용할 수 있고 어떤 조직에서도 무리 없이 사용할 수 있는 그런 일반형 인간으로 만들어 버린 것이다. 어떤 교육도 자신이 어떤 사람이며 앞으로 어떤 인생을 살아가야 하는지에 대해서 가르쳐 주지 않았다.

이 상태로 사회의 조직에 들어가면 조직에 충성하는 조직원으로 살게 된다. 조직의 일은 크게 두 가지로 나뉘는데, 첫째는 비범한 사람들이 모여서 하는 평범한 일이다. 둘째는 평범한 사람들이 모여서 하는 비범한 일이다. 개인의 잘하는 것과 좋아하는 것을 조직에 맞추는 경우는 매우 드물다. 특히 대기업일수록 개인의 특이점은 조직의 일에 의해서 희석된다. 물론 개인이 평범한 일을 추구하는 조직에 희석되지 않고 조직의 일을 개인의 특이점으로 바꾸어 뜻밖에 성공하는 예도 있다. 그러나 그것은 전설에 불과하거나 경영 관련 책에 가끔 나오지만 전혀 확인할 수 없는 사례일 뿐이다. 대부분 내 친구처럼 열심히 시킨 일만 한다. 이런 삶을 살게 되면 인생의 중반쯤 와서

분명 인간은 확실히 다름에도, 그 다름을 기준으로 자신이 무엇을
좋아하는지 잘하는지를 모른다. 그 결과로 인간은 원본으로 태어났지만,
누군가의 복사본으로 죽게 된다. 이렇듯 우리는 유일한 존재이며
유일한 삶을 살 수 있음에도 대중과 맞추기 위해서 자신의 존재를
스스로 희석한다. 잉여되거나 여분의 사람으로 전락하고 만다.

는 자신이 '좋아하는 것과 잘하는 것'에 대해서 이해하지 못하게 된다. 그 뜻이 무엇인지 그리고 어떤 대답을 해야 할지도 모르게 된다. 자신의 원본도 모르고, 자신이 누구의 복사본인지도 모르기 때문이다.

일반적으로 대기업의 임원을 생활의 달인이라고 말한다. 여기서 달인은 코미디 프로그램에 나오는 어설프게 모든 것을 하는 사람이 아니다. 달인(達人: an expert, a master)의 사전적 정의는 널리 사물의 이치와 도리에 정통한 사람이나 특정 분야에 통달하여 남달리 뛰어난 역량을 가진 사람을 말한다. 대기업의 임원까지 한 사람이라면 분명 조직력과 개인 능력이 뛰어난 사람이 틀림없다. 혹시 이런 달인들이 주변에 있다면 달인의 특이점(좋아하는 것과 잘하는 것)에 관해서 질문을 해보자. 그의 대답으로 그가 인생의 달인(전문가)이 되었는지 아니면 자신의 특이점이 모두 닳아 없어진 '닳인'인지를 구별할 수 있다.

내 친구처럼 자신의 특이점이 닳아 없어진 '닳인'이 되지 않기 위해서는 조직과 타인에 의해서 자신의 특이점이 닳아 없어지기 전에 스스로 자신을 끌과 정으로 조각해야 한다. 자신이 좋아하는 것을 끌로, 자신이 잘하는 것을 정으로 만들어 자신의 주변에서 일어나는 모든 환경을 끌과 정을 내리치는 힘으로 사용해야 한다.

　나 역시 '닳인 방지법'을 스스로 깨달은 것은 아니다. 내가 조직에 의해서 닳아 가던 중에 어떤 멘토로부터 전수 받았다. 1994년에 나는 문화기획 간사로 일하면서 닳고 있었다. 내가 담당했던 일은 강의 기획, 책상 정리, 간식 준비, 강의 녹음 그리고 강사 섬김이었다. 1년 동안 똑같은 강사들의 강의만 평균 3번, 심한 경우에는 10번 이상을 들었다. 나중에는 강사의 강의를 거의 외울 지경이었다. 그즈음 불만을 토로하는 내게 선배 간사가 이렇게 말했다.

　"뒷자리에 앉아서 불만스러운 마음으로 강사 평가나 하지 말고 네가 이 강의를 맡는다면 어떻게 할지를 생각하면서 들어봐." 멘토의 조언을 처음부터 받아들인 것은 아니었다. 하지만 언제부터인가 '내가 강의를 한다면'이라는 생각으로 강의를 듣자 강의의 부족한 부분과 탁월한 부분이 귀에 들어오기 시작했다. 그렇게 닳고 닳아 가는 내 인생은 관점만 바꾸었는데도 조각되기 시작했다. 서로 내용이 다른 강의들이 연결되면서 또 다른 지식이 만들어졌다. 그렇게 연결되는 지식을 통해서 나는 1년이 지나자 27세에 '행사기획'이라는 책을 출판하게 되었다.

당시에는 짬뽕 지식이라고 불리던 이런 지식을 요즘에는 '융복합 지식'이라고 부른다. 서로 다른 지식을 통해서 또 다른 지식과 새로운 지식을 알게 되는 것은 나에게는 나의 지식을 만드는 '끌과 정'이었다. 나는 이런 방법을 《유니타스브랜드》의 편집장이 되어서도 계속 활용하고 있다.

세상에 나를 맡기면 세상은 나를 닳아 버리게 만든다. 하지만 내가 '자기다움'이라는 것을 의식하면서 '일'을 통해 나를 스스로 깎는다면, 나는 닳지 않고 조각될 수 있다. 스트레스, 해야만 되는 일, 생존 때문에 억지로 하는 일, 복종할 수밖에 없는 일, 먹고 살아야만 하기에 하는 일을 어떻게 나를 깎는 힘으로 바꿀 수 있을까? 바람을 등지고 돛대를 올려서 태평양을 건너가듯이, 내 안에서 부는 바람인 '자기다움'을 이해해야 한다.

내가 좋아하고 잘하는 일은 환경에 의해서 만들어진 일이다. 스티브 잡스가 200년 전에 태어났다 해도 애플이 나올 수 있었을까? 지금 환경에서 무엇을 잘하고 좋아하는 것은 임시적이며 가변적이다. 좋아하고 잘하는 일보다는 나를 나 되게 하는 것을 찾아야 한다. 그것이 바로 '자기다움'이다.

생각의 근육 만들기

 좋아하는 일과 잘하는 일은 하루쯤 진지하게 생각하거나 주변 사람들에게 물어보면 어느 정도 근사치에 가까운 해답을 얻을 수 있다. 그러나 좋아하는 일은 싫증이 날 수 있고, 잘하는 일은 진짜 잘하는 사람을 만날 수도 있다. 좋아하고 잘하는 일은 감정적이며 주관적이기 때문에 이 두 개가 자기다움의 구성품이라고 확실히 인정하기는 어렵다. 나는 이 책에서 좋아하고 잘하는 일을 발견하는 것에 대해서는 말하지 않을 것이다. 이 책의 주제는 '자기다움'으로서, 어떻게 자기다움을 스스로 인식하고 구축할 것인가이다.

 먼저 환경에 의해서 닳지 않고 자신을 깎는(조각하는) 방법을 소개하겠다. 나는 2년째 피트니스센터에서 운동을 하고 있다. 개인 연습을 처음 받던 날, 근육이 터져 나올 것 같은 트레이너가 등장했다. 그는 물렁물렁한 나의 몸을 유심히 살펴보면서 이렇게 말했다.

 "이 기구는 이쪽 상완이두근과 전완굴근을 자극할 것입니다. 이렇게 당기면 전거근이 느껴지고 앞쪽으로 당기면 늑간극과 흉부상근이 커지게 됩니다."

근육에 대해서는 단지 알통과 복근밖에 모르던 나에게 트레이너가 사용하는 전문 용어는 너무나 신기하게 들렸다. 마치 쇠고기라고는 오로지 불고기밖에 모르다가 제대로 된 한우 식당에서 쇠고기를 처음 먹었을 때 느끼던 그런 기분이었다.

"여기에 있는 제비추리를 먼저 드시고요, 그다음에는 토시살을 먹고 아롱사태와 채끝은 살짝 익혀서 드세요." 내가 보기에는 그게 그것 같은 쇠고기일 뿐인데, 그마저 불판에 올라가면 전혀 구분이 안 되는 고기일 뿐인데 많이 먹어 본 사람은 혀끝으로 '음미'하며 각 부위의 특징을 잡아 냈다. 상추에 고기를 넣고 입에 집어넣으면 그저 맛있는 쇠고기일 뿐인데 그들은 어떻게 부위별 맛을 다르게 느끼는 것일까? (나는 아직도 부위별 맛의 차이를 느끼지 못한다.)

피트니스센터 트레이너는 근육을 만들려고 무조건 무거운 바벨을 들어 고통스럽게 하지 말라고 조언했다. 그는 이제 곧(?) 만들어질 자신의 몸을 상상하면서 근육의 움직임을 느끼라고 했다. 그와 친해지면서 그는 나에게 사적인 이야기를 해 주었다. 그의 이야기가 지금 쓰고 있는 '자기다움'의 중심축이 되었다.

세상에 나를 맡기면 세상은 나를 닳아 버리게 만든다.
하지만 내가 '자기다움'이라는 것을 의식하면서 '일'을 통해
나를 스스로 깎는다면, 나는 닳지 않고 조각될 수 있다.

그는 돈이 급하면 현장에 나가 막노동을 한다고 했다. 하지만 운동을 하는 느낌으로 노동을 즐긴다고 했다. 그리고 일상생활에서도 자신의 근육을 의식하면서 움직인다고 했다. 수천만 원짜리 피트니스센터 회원권을 가지고 러닝머신 위에서 고통스럽게 운동을 하는 사람이 소모하는 칼로리나 공사 현장에서 노동으로 소모되는 칼로리는 같다. 중요한 것은 무엇을 상상하면서 그 일을 하는가이다. 그리고 그보다 더 중요한 것은 자기가 하는 일이 '자기다움'과 어떤 관계가 있는지를 아는가이다.

피트니스센터의 운동기구들은 내 것이지만 볼 수 없는 피부 밑에 있는 근육을 만들 수 있도록 설계된 일종의 거푸집이다. 눈에 보이는 운동기구를 움직이지만 실제로는 눈에 보이지 않는 근육들이 커진다. 따라서 근육을 만들기 위해서는 내 안에 있으면서도 내가 전혀 알지 못한 근육과 운동기구의 상호 작용과 효과를 이해해야만 한다.

무조건 좋아하는 일과 잘하는 일만 하는 것은 근육을 만들기 위해 닥치는 대로 비싸 보이는 운동기구에 몸을 맡기는 것과 같다. 하지만 그날 기분에 따라서 기구를 선택해서 무리한 운동을 하면 근육이 파열되거나 심지어 기형적인 몸이 될 수도 있다.

그렇다면 대체 자기다움이란 어떤 근육일까? 많은 사람이 자기다워지는 것을 유별난 개성을 보여 주거나, 얼굴을 고치거나, 몸을 만들거나, 사람들이 부러워하는 자동차를 자랑하는 것으로 잘못 생각하고 있다. 자기다움을 '당당한 자신감'으로 착각하는 것이다. 하지만 이런 것은 근육이 아닌 껍데기에 불과하다. 앞으로 나오게 될 '자기다움'에 관한 이야기와 중복되지 않도록 이 장에서는 '좋아하는 것과 잘하는 것'이 자기다움이 아니라는 것만 분명히 말하겠다.

자살과 타살

아프리카에 가면 '스프링벅(springbok)'이라는 사슴이 있다. 그런데 가끔 이 스프링벅들이 강가로 몰려 들어가서 떼로 죽는 참사가 벌어지곤 한다. 그 이유는 사자에게 쫓겨서가 아니다. 바로 앞에서 풀을 뜯는 다른 스프링벅 때문이다. 어처구니없게도 서로 앞에 있는 새 풀을 먼저 먹겠다고 앞다투어 뛰어가다가 결국 멈추지 못해 당하는 대참사다. 이와 비슷한 떼죽음이 또 있는데 툰드라 지대에 사는 레밍이라는 작은 쥐다. 일명 나그네쥐라고도 하는 이 쥐도 사이비 종교 집단처럼 어떤 때가 되면 바다와 호수로 뛰어들어 모두 죽어 버리는 집단 자살을 한다. 그 이유는 스프링벅처럼 욕심을 부리기 때문이 아니라 내장기관의 문제 때문이다. 그들이 먹은 노르웨이 풀은 레밍의 소화액을 중화시키는 액체를 만들어 낸다. 만약 레밍들이 풀의 양을 적게 섭취하면 풀들은 중화액을 생산하기 시작한 지 약 30시간 후 액체 생산을 중단한다. 그러나 레밍이 증가하면 풀들의 중화액 생산도 계속 증가하기 시작한다. 결국, 중화액 때문에 소화가 잘 안 되는 레밍은 소화를 위해 체내에서 더 많은 소화액을 생산하게 되고, 결국 체력이 고갈되어 굶어 죽기 직전의 상태까지 이르게 된다. 그 결과 레밍은 풀을 많이 먹을수록 더욱 허기가 져서 인근 툰드라 지대의 풀들을 모두 먹고 나서 호수나 바다의 가장자리에 도달하게 되는데, 허기를 느끼고 다시 물 건너에 있을 새로운 풀을 향해 돌진하다가 집단 사망에 이르는 것이다.

지금 내가 하고 있는 일은 새 풀을 먹겠다고 달려가는 것일까? 아니면 먹어도 먹어도 배고프기 때문일까? 우리가 사는 문화와 문명은 우리로 하여금 계속 배고프게 만들고 먹을 것을 가지고 경쟁하게 만든다. 결국 우리가 지금처럼 경쟁하면서 달려가면 벼랑 끝에서 경쟁자와 만나게 될 것이다.

1993년 나의 첫 직장은 어느 대기업 해외 수출 사업부였다. 10년을 다니고 싶었지만 11개월 만에 사표를 쓰고 나왔다. 그 이유는 내가 입사하자마자 출세가도를 달리던 모 과장이 갑자기 간경화로 사망했고, 얼마 지나지 않아 바로 옆 책상에서 근무하던 또 한 명의 과장이 간암으로 사망하는 것을 보았기 때문이다. 그들의 장례식장에서 나의 미래를 보았기에 나는 더이상 그곳에 있을 수 없었다. 두 분의 과장은 하루가 멀다 하고 해외 바이어 및 국내 에이전트를 접대했다. 그들 옆에 가면 피부까지 찌든 술 냄새와 담배 냄새가 풍겼다. 아직도 그들의 얼굴이 선명하게 기억난다. 황갈색의 눈에 피부는 거무튀튀했다. 생각해보면 그들은 이미 그때부터 죽어 가고 있었다.

2007년 여름에도 이런 비슷한 비극이 있었다. 브랜드 런칭을 준비하던 나는 당시 그 브랜드의 관리 책임자 중 한 명이 집에서 TV를 보다 그대로 잠든 후 다시 깨어나지 못했다는 보고를 받았다. 2012년 3월에도 옛 직장 친구의 동료가 자살했다는 충격적인 소식을 들었다.

우리나라에서는 하루에 40여 명씩 자살을 한다. 직업(?) 중에서는 무직자(타 직종보다 2~3배 높다)가, 남성보다는 여성이, 그리고 나이별로는 40대가 가장 많다. 우리나라의 평균 수명은 80세라지만 아동 사망률을 제외한 통계치를 보면 평균 수명은 85세를 웃돈다. 이 말은 40대에 실업하면 40~50년 동안 자살 유혹을 받으면서 살아갈 수도 있다는 뜻이다. 사회보장이 열악한 우리나라에서 40세 이후부터는 자살을 충동질하는 무직의 긴장감을 갖고 살아야만 한다. 노년을 위한 적금이나 보험상품들이 즐비하지만, 그것은 푼돈 모아 잔돈으로 연명하는 삶을 드라마틱하게 보여 주고 있을 뿐이다. 과연 이 시대의 경제가 노후연금으로 행복하게 살 수 있는 환경을 보장할 수 있을까?

직장인들이 절대로 겪지 말아야 할 두 종류의 비참한 최후가 있다. 하나는 앞서 말한 과로사(過勞死)이고, 또 다른 하나는 복사(複死)다. 과로사란 말 그대로 과중한 업무와 스트레스에 눌려 고인이 되는 산재를 말한다. 복사(複死)는 복사(複: 겹칠 복, 寫: 베낄 사, 즉 copy)라는 단어 중에 겹칠 복(複)자와 죽을 사(死)를 조합한 신종 산재 개념으로서, 취업 후 직장의 여러 사원 중 한 명으로 살다가 어느 날 갑자기 내 친구처럼 사라지는 것(은퇴 혹은 해고)을 의미한다.

직장인이 들으면 거북한 이야기일지 모르지만, 기업 입장에서 직원을 복사(複死)시키는 것은 자본주의 시장경제 체제에서 새로운 인력을 투입하고 낙후된 인력을 내보냄으로써 기업의 생명을 지속시키기 위한 일종의 자구책이다. 대량생산과 대량소비를 근간으로 만들어진 진화론적 기업 생존 시스템이다. 따라서 직원들은 이런 시장 체제를 유지하면서 대량생산을 잘 할 수 있도록 조직에 적합하게 규격화되고 복사(複寫)된다. 이 과정에서 잉여인간들이 만들어진다.

시장 경제 시스템을 부정하거나 전복시키려 작정하고 이런 선동적인 단어를 쓰는 것은 아니다. 비참하게 들리겠지만, 이것은 현실을 직면하고 직시해서 얻은 결론이다. 더 비참한 것은 복사의 징후는 직장을 얻기 전부터 이미 일어나고 있다는 것이다. 대학생들은 대기업의 인재 기준에 맞추려 스스로 원본으로서의 인간을 포기하고 정신없이 스펙을 쌓으며 청춘을 보낸다. 대학도 지성과 탐구가 아닌 '취업률'을 가장 큰 명예로 여긴다. 광고에서는 젊은이들에게 비전, 열정, 그리고 패기를 가지라던 대학들마저 막상 취업을 위해서는 꿈 깨고 탁월한 스펙을 가져야 한다고 강조한다.

물론 직장 생활에 만족하며 회사에 잘 다니는 사람도 있다. 하지만 대부분은 기업의 이러한 생리에 당혹스러워 하면서도, 허무주의와 냉소주의에 빠진 선배들의 인생 충고를 귀담아 듣

복사본은 언제든지 폐기될 수 있다.
따라서 복사본들은 하루하루를 생존 모드와 잔존 모드를
오가면서 어제와 같은 오늘, 오늘과 같은 내일을 살아간다.
그것은 사는 것이 아니라 복사(複死,남과 비슷해져서
존재 가치가 사라지는 것) 중인 것도 모른 채 말이다.

고, 가 보지 않은 길에 대한 왕성한 호기심을 눌러 가며 오늘도 무사히 살아가고 있다. 간혹 자신의 비전과 능력을 펼쳐 보일 곳을 찾아 위험한 이직을 감행해 보지만 그조차 몇 백만 원의 연봉 상승에 만족할 뿐 이전 직장과 크게 다르지 않다. 그렇게 닮고 닮게 직장 생활을 하면서 자신도 모르게 스프링벅 샐러리맨이 된다. 그야말로 먹을 것을 남들보다 좀 더 많이 먹기 위해서 초원을 뛰어다니는 전형적인 샐러리맨이다. 곧 샐러리맨의 '복사본'으로 길들여지는 것이다.

복사본은 언제든지 폐기될 수 있다. 따라서 복사본들은 하루하루를 생존 모드와 잔존 모드를 오가면서 어제와 같은 오늘, 오늘과 같은 내일을 살아간다. 그것은 사는 것이 아니라 복사(複死, 남과 비슷해져서 존재 가치가 사라지는 것) 중인 것도 모른 채 말이다.

그렇다면 직장인들에게 일어나는 복사(複死)의 원인은 무엇일까? 모험하지 않는 인생이 가장 위험한 인생이라는 말이 있듯, '자기다움'이라는 가치를 위해 모험하려 들지 않기 때문이다. 그것은 자신에게 있는 자기다움, 본능, 인생을 걸 만한 가치와 신념을 따르지 않고 가장 안정된 직장을 선택한 대가다. 즉 스스로 결정한 안락사다.

뇌사는 의학적으로 사망이다. 하지만 그것은 '의학적' 사망일 뿐이지 심장은 뛰고 있기에 완전히 죽었다고 할 수는 없다. 이에 비해 복사(複死)는 의학적으로는 사망하지 않았지만, 시장의 논리로는 이미 사망한 것이다. 복사(複死)는 갑작스럽게 당하는 죽음이 아니다. 암처럼 전혀 의식하지 못한 채 진행되는 죽음이다. 만약 과거의 행복한 기억이 미래에 대한 설렘보다 더 많이 삶을 지배한다면 이미 복사(複死)가 시작된 것으로 볼 수 있다. 돈이 인생의 의사결정 기준이 되었다면 인공심장기에 의지하여 하루하루를 연명하는 것과 같다. 분명 살아 있지만, 그것은 '이미 죽은 목숨'이다. 당신은 지금 죽어 가고 있는가? 살아가고 있는가?

스프링벅처럼 어디론가 뛰어가고 있다면 잠시 멈추어 보자. 지금 가진 돈으로도 충분히 살 수 있지만, 여전히 배고픈 레밍처럼 뭔가를 더 먹고 싶다는 생각이 든다면, 잠시 멈추고 이 질문에 대답해 보자.

"이대로 가면 나는 어디에서 멈추게 될까?"

신의 직장과 귀신의 직장

 어떤 의도인지는 모르겠지만 대중매체에서 1년에 한 번씩은 꼭 '신의 직장'이라고 불리는 기업을 보도한다. 그들이 말하는 신의 직장이란 하는 일도 없이 돈만 많이 받고, 지각 출근과 조기 퇴근도 가능하며, 마음만 먹으면 업무 시간에도 놀 수 있는 곳이다. 무엇보다 철밥통 정년을 보장하는 직장이다. 신의 직장 중에는 심지어 '신들도 부러워하는 직장'도 있다. 그곳은 자기가 일한 것보다 더 많은 것을 누리는 곳이다. 만약 이런 신의 직장에서 일하던 사람이 정년이 되면 그는 어떤 신이 될까?
 위에서 열거한 기준이 정말로 신의 직장이라면, 내가 봤을 때 그것은 스스로 생활하지 못하고 남의 생명력에 의지해서 살아가는 곳이다. 생물 시간에 이런 삶을 사는 생물을 '기생'이라고 배웠다. 과연 신의 직장은 이런 곳일까? 말로만 듣던 신의 직장을 다니는 어떤 사람을 만난 적이 있다. 자신의 직장이 뉴스에서 신의 직장이라 불렸다면서 매우 자랑스러워하며 신처럼 행동했다. 신이 되어 가는 그가 나에게 요즘은 어떤 특집을 내고 있느냐고 물어보기에 기회를 놓치지 않고 이런 질문을 했다.

"당신이 2008년에 살아 있었다는 것을 어떻게 증명할 수 있나요?" 그는 나의 이런 황당한 질문을 처음에는 이해하지 못했다. 잠시 후 질문의 의도를 이해한 뒤 4년 전에 살아 있었다는 증거를 제시하려고 했다. 하지만 증거는커녕, 자신이 4년 전 어디에서 무엇을 했는지도 기억하지 못했다.

이번에는 살아 있었다고 주장하는 사람의 이야기를 들어 보자. "이 책은 2006년에 시작해 지금 만들어졌으니 이것이 내가 그때 살아 있었다는 가장 확실한 증거입니다. 저는 2005년부터 2008년까지 '인내'라는 주제를 가지고 30권의 책을 읽고 있었습니다. 여기에 쌓인 30권의 책이 그때 제가 살아 있었다는 증거입니다. 저는 기획의 전문성을 높이고자 회사에서 전략팀에 자원해서 총 50개의 보고서를 만들었습니다. 2008년은 제가 전략에 심취하여 연구했을 때입니다. 그때 만들어진 보고서가 제가 살아 있었다는 증거가 아닐까요?"

살아 있었다는 증거를 제출할 수 있는 사람은 단순히 비전과 목표를 가지고 시간 및 업무 관리를 하는 사람이 아니다. 자기다움이라는 자신의 큰 그림 속에서 4년 전 자신이 어떤 그림을 그리고 있었는지를 정확히 알고 있는 사람이다. 과거와 지금의 삶을 연장선상에서 설명할 수 있는 사람이다. 자신이 살아 있음을 증명하는 증거는 자신만이 보여 줄 수 있다. 그것은 누구도 반박할 수 없고 오직 자신만이 당당하게 증명할 수 있다.

신의 직장이건 지옥의 직장이건 중요한 것은 자신이 그곳에 존재하고 있었음을 증명할 수 있느냐의 여부다. 자신의 존재를 지각하는 것에서 바로 자기다움이 시작되기 때문이다. 자신의 존재감은 오로지 자신의 창조에서 나온다. 신의 직장에 다닌다고 해서 모두 존재감과 자기다움이 없다는 것은 아니다. 어디에 있든지 간에 그 속에서 자기다움으로 창조된 자신이 존재하고 있었느냐가 중요하다.

사람들은 거대한 조직에 있을수록 가늘고 길게 살고 싶어 한다. 그래서 회사가 큰 건물을 가지고 있으면 대체로 만족하거나 안정감을 느낀다. 건물이 크고 화려할수록 존재감과 자부심도 따라 커진다.

지금으로부터 4000년 전 높이 140m가 넘는 피라미드를 짓고 있는 이집트의 대형 건축 현장으로 가보자. 그 피라미드(무덤)를 보면서 누가 가장 행복해할까? 절대 왕권 하에서 완전히 고용된 노동자일까, 감시자일까? 아니면 그 무덤 안으로 들어갈 파라오일까? 기업의 평균 수명은 10년이라고 한다. 지금 우리가 일하는 곳은 신의 직장일까, 신의 무덤일까?

피라미드는 영원한 삶을 갈망하던(신이 되려던) 파라오의 꿈(무덤)이다. 신의 직장이라고 해서 자신이 마치 죽지 않는 신처럼 그곳에서 살 수 있다고 확신하고 생각 없이 살게 되면, 퇴사할 시점에 이르러서는 자신은 그저 세상을 떠돌면서 살 수밖에 없는 귀신 같은 존재임을 깨닫게 될 것이다. 신의 직장에서 자신의 존재감을 증명하거나 자기다움을 구축할 수 없음에도, 오로지 생존하기 위해서 남아 있는 것은 파라오의 무덤을 위해서 자신의 생명을 버리는 것과 같다.

귀신의 사전적 정의는 죽은 사람의 혼이다. 좀비는 돌아다니는 죽은 사람의 몸을 말한다. 이 둘의 공통된 특징은 몸과 혼 중 하나가 없다는 것이다. 몸은 직장에 있지만, 마음(혼)은 딴 곳에 있는 사람들은 귀신일까, 좀비일까?

가슴에 감동이 없다면 심장에 박동도 없다

자기가 무엇을 좋아하는지 그리고 잘하는지를 모르는 내 친구에게 숙제를 내주었다. 주변 사람 50명에게 자신이 잘하는 것과 좋아하는 것이 무엇인지를 묻고 써오는 것이었다. 약속한

한 달이 훨씬 지난 4개월 후 친구가 찾아왔다. 하지만 숙제는 하지 않고 창업 아이템만 뽑아 왔다. 숙제하다가 주변 사람들이 '이것을 하면 잘할 것 같다'는 말에 귀가 솔깃해져 나름 시장 조사까지 해서 기획서를 만들어 보았다는 것이다. 나는 친구에게 돈을 버는 이유를 빼고 창업을 해야만 하는 이유 10가지를 말해 보라고 했다. 친구는 대답하지 못했다. 나는 친구에게 다시 A4 용지 2장에 이 사업을 해야만 하는 이유를 빽빽이 적어 오라고 했다. 그 후 1년이 지났지만 친구에게서는 아직도 소식이 없다.

나는 전업과 창업을 원하는 사람에게 A4용지 2장을 주고 그것을 해야만 하는 이유를 적게 한다. 그리고 그것을 신의 직장 혹은 대학생들에게 읽어 주었을 때 당장 같이 하자고 하는 사람이 있다면 인생을 걸어 볼 만한 창업이라고 독려해 준다. 하지만 다른 사람이 그것을 읽을 때 가슴이 뛰지 않는다면 실행할 가치가 없다. 존재할 이유를 듣고도 존재 가치를 느끼지 못한다면 과연 치열한 경쟁 속에서 살아남을 수 있을까?

나의 존재 가치는 무엇일까? 다른 사람은 내가 존재할 가치가 있다고 생각할까? 이런 생각은 자살하려는 사람이 방구석에 앉아서 신세한탄하며 내뱉는 독백이 아니다. 이런 질문은 존재하는 사람이라면 마땅히 들어 볼 만한 질문이다. 이런 질문을 받지 못했다면 단지 이런 질문을 할 사람이 주변에 없었을 뿐이다. 그 이유는 무엇일까? 혹시 질문할 가치가 없어서가 아닐까? 이 책을 보고 있는 독자에게 필자는 묻고 싶다.
"당신이 이 세상에 존재해야 하는 이유는 무엇인가?"
이 질문에 당장 대답하기는 어려울 것이다. 즉각 대답한다고 해서 그 대답이 가치 있는 것도 아니다. 나는 자신의 존재 가치가 '자기다움'이라고 생각한다.

그렇다면 자기다움의 상징으로 '가치'는 어떤 의미가 있는지를 먼저 살펴보도록 하자. Value(가치)는 '용감하다'는 뜻을 가진 Valor와 같은 고대 라틴어 어원인 발레레(Valere)에서 파생된 단어다. 발레레(valere)는 사람에게는 '건강하다'와 '생명력이 있다'는 의미로 사용되고, 물건에는 '생명을 지탱하다' 혹은 '가치 있다'는 뜻으로 사용되었다. 고대 사람에게 가치는 곧 생명을 말하는 것으로서 가치의 기준은 바로 '생명'이다. 그래서 가치 있다는 의미는 생명과 관계있다는 뜻이다.

그래서 자신의 가치를 말하는 '자기다움'은 자신의 생명이다. 자기답다는 것은 '멋있다' 혹은 '독특하다'를 넘어서 '강한 생명의 힘으로 존재하고 있다'는 뜻이다. 화가 폴 호건은 '존재함'

에 대해서 이렇게 말했다. "존재하지 않는 것을 상상할 수 없다면 새로운 것을 만들어 낼 수도 없으며, 자신만의 세계를 창조하지 못하면 다른 사람이 묘사한 세계에 머무를 수밖에 없다." 이처럼 자기다움은 자신이 창조한 세계에서 살아 있다는 증거다.

2

자기다움은 아름다움이다

'아름답다'의 어원을 기억해 보자.

'아름답다'는 3개의 원료인 '알다+앓음+나'로 구성되었다. 이것을 연결해 보면 '아픔을 통하여 나다워지는 깨달음'이라고 말할 수 있다. 그래서 '인생은 아름다워야 한다'는 의미는 '자신을 알아 가야 한다'는 뜻이다. 자신을 알아 간다는 것은 내가 나인 이유를 아는 것이다. 자기다움이란 자신을 세상에서 오직 하나만 있는 원본으로서, 자신의 가치를 인식하는 것이다.

인생은 아름다워야 한다

최근 '아름다움'이라는 단어를 사용해 본 적이 있는가? 10년 동안 이 단어를 범하려고 한 추한 단어들에는 '죽인다, 간지, 장난 아니야, 대박, 쩐다, 헐, 시크' 등이 있다. 이런 단어들의 범람 탓에 아름다움이라는 단어는 조만간 사전에서만 볼 수 있는 고어가 될지도 모르겠다. 그런데 아름다움의 어원을 살펴보면 이 말이 우리가 지금 사용하는 의미와는 차원이 다른 단어임을 알 수 있다. 아름다움에 관한 여러 가지 해석 중에 '자기다움'에서 접붙이기를 할 수 있는 정의를 먼저 살펴보자.

먼저 '아름다움'의 '아름'은 안다, 알다, 아름 등으로 해석할 수 있는 동음이의어다. 그래서 아름다움의 의미를 '알고 있음'으로도 해석할 수 있다고 한다. 또한 15세기 문헌에는 '아'가 여러 문헌에 명사로 나타나는데 나(我)라는 뜻이다. 그래서 아름다움은 '나다움'이라고도 해석할 수 있다. '아름다움'의 원래 표기는 '앓음다움'이라고 한다. 여기서 '앓음'은 '아픔과 고난을 극복하기 위해서 애쓰는 상태'다. 그런 점에서 '아름다운 사람'이란 '아픔과 고난을 이겨 낸 사람'이라고 해석할 수도 있다. 여하

튼 많은 해석이 있지만 모두 자기다움을 설명하기에 충분하다.

'자기다움은 아름다움이다'라는 뜻을 여러 학자의 해석에 의해 정리하면 다음과 같이 말할 수 있다. 바로 '나답기 위해 아픔과 고난을 극복하여 자기다워지는 지혜로 충만한 상태' 혹은 '자신의 약점과 결핍을 극복하여 자기다워지는 지혜로 나다워지는 것'이다.

이런 관점에서 마쓰시다 전기의 창업자 마쓰시다 고노스케는 자신의 자기다움을 이렇게 말한다.

"나는 신이 주신 세 가지 은혜 덕분에 크게 성공할 수 있었다. 첫째, 집이 몹시 가난해 어릴 적부터 구두닦이, 신문팔이 같은 고생을 통해 세상을 살아가는 데 필요한 많은 경험을 쌓을 수 있었다. 둘째, 태어났을 때부터 몸이 몹시 약해서 항상 운동에 힘써 왔기 때문에 건강을 유지할 수 있었다. 셋째, 나는 초등학교도 못 다녔기 때문에 모든 사람을 나의 스승으로 여기고 누구에게나 물어 가며 배우는 일에 게을리 하지 않았다."

서구권 자기경영 학문에서 일관성 있게 주장하는 것은 '강점경영'이다. 성공을 위해서 자신의 약점을 굳이 살펴보지도 말고, 묶여 있지도 말고, 기억하지도 말라고 경고한다. 자신의 약점 따위를 고민할 필요가 없는 것은 이미 가지고 있는 강점만을 발휘하기에도 시간이 부족하기 때문이다. 그래서 약점을 고민할 시간에 오히려 강점을 강화하여 약점을 덮어 버리라는 것이다. 매우 논리적이고 그럴싸하다. 바로 이것이 전형적인 긍정의 자세다. 하지만 위에서 언급한 마쓰시다 고노스케 같은 사람은 약점을 극복하기 위해 노력했고, 그 과정에서 얻어진 강점으로 성공했다. 우리 주변에도 성숙(성공과 성장)한 사람을 살펴보면 강점을 강화한 사람보다는 약점을 극복하면서 강화된 강점을 가진 사람이 더 많다.

아마 독자는 자기다움을 구축하기 위해 강점을 강화하기보다 약점을 극복하라는 말이 지금까지 알고 있던 처세 상식과 달라서 거부감이 생길지도 모른다. 물론 강점을 무시하라는 말은 아니다. 강점을 사용하지 말라는 것은 더더욱 아니다. 단지 남과 비교해서 획득한 강점을 자기다움의 완성이라고 착각해서는 안 된다는 뜻이다. 자기다움에서 최악의 역기능인 '잘난 척'을 경계하라는 의미다.

2000년 전에 사도 바울은 자신의 약점에 대해서 이렇게 말했다. "내가 받은 계시가 너무나 크고 놀라워서 주님은 내가 교만해질까 봐 내 몸에 가시(약한 부분, 불치병)를 주셨습니다. 나는 이것이 사라지기를 세 번이나 간구했지만 주님은 '내 은혜가 너에게 충분하다. 내 능력은 약한 데서 완전해진다'고 말씀하셨습니다. 그러므로 나는 나의 약한 것을 더욱 기쁜 마음으로 자랑합니다."

바울은 신약성경의 30% 이상을 쓴 사람으로 기독교 전파에 가장 많은 영향을 준 사람이다. 바울은 하나님이 그의 완전함을 위해 그에게 약한 점을 주었다고 말하고 있다. 바울은 자신의 약점을 오히려 자기다움을 완성하는 도구로 사용한 것이다.

자신을 아는 방법으로서 강점만 연구할 수도 있지만 이처럼 약점을 아는 것도 한 방법이다. 사람들은 자신에 대해서 누군가 쓴소리를 하거나 입바른 소리를 하면 몹시 견디기 어려워한다. 아마도 자신도 이미 잘 알고 있어서 숨기고 싶던 약점을 타인에게 들켰기 때문일 것이다. 그러나 아름다움의 원래 뜻은 자신의 부족하고 약한 모습을 알아 가는 것과 그것을 극복하고 인정하는 것이다.

약점 대신 강점을 드러낼 때, 진정한 강점을 드러낸다면 문제가 없다. 그러나 그것이 과장된 강점이라면 자기다움이 아니라 허세에 불과하다. 이런 잘난 척을 경계하지 못할 때 자기 파멸이 따른다. 우리는 우리가 드러내 보여 줄 만한 강점보다는 숨기고 싶은 약점이 더 많다는 것을 잘 안다. 강점도 사실은 사소한 약점에 불과할지도 모른다. 그래서 자기를 아는 지식 없이 강점과 약점을 분리하는 것은 오히려 자기다움을 분해하는 해악적인 이분법일 수 있다.

자기다워지는 것은 약점을 극복해 강점을 구축하는 '강화 인간'의 완성이 아니다. 반대로 자신의 부족한 점을 통해서 자신의 완전함을 발견하는 것이다. 만약에 독자가 기혼자라면 방금 말한 모순적 진실을 좀 더 이해하기 쉬울 것이다. 지금 결혼한 사람은 당신과 똑같은 사람일까, 아니면 정반대의 사람일까? 왜 사랑해서 결혼한 사람들이 이혼할 때는 성격 차이라고 말할까? 왜 결혼하면 사람이 변했다고 말할까? 간혹 부창부수(夫唱婦隨)라고 불리는 원앙부부도 있지만, 그들 역시 모든 면에서 서로 같으냐고 물어보면 '다르다'고 말할 것이다. 단지 다르지만 행복하게 사는 것은 서로가 보완하며 이해하기 때문이라고 말할 것이다. 아마 결혼한 사람이라면 이것이 얼마나 어려운 일인지 공감할 것이다. 그렇다면 왜 자신과 다른 사람에게 매력을 느껴서 사랑에 빠지고 결혼을 할까? 그 이유는 알 수 없지만, 부부는 서로 다름에도 불구하고 서로가 자신을 완성시키는 '진정한 짝'이다. 그렇다면 이런 결혼의 섭리를 따라 약점의 반대인 강점을 외부에서 찾는 것으로 자기다움을 구축

자기다워지는 것은 약점을 극복해
강점을 구축하는 '강화 인간'의 완성이 아니다.
반대로 자신의 부족한 점을 통해서
자신의 완전함을 발견하는 것이다.

할 수 있을까? 그렇지 않다. 상대방에 대한 감정과 친밀도에 따라서 약점과 강점의 관점이 달라진다. 부부가 서로를 향한 '사랑'의 감정이 식어 버리면 강점도 약점이 될 수 있는 것이다. 예를 들어 부부 관계가 어떤 상태인가에 따라 같은 행동이라도 우유부단함과 신중함, 예민함과 까칠함, 덜렁댐과 호탕함으로 평가된다. 원앙과 원수는 그야말로 동전의 앞뒷면이다.

따라서 다른 사람의 감정, 기능, 관계, 필요에 따라서 달라지는 약점과 강점을 애써 분리할 필요가 없다. 나의 약점은 상황, 직업, 목표 그리고 누구와 함께하느냐에 따라서 달라지는 것이다. 지금의 약점이 미래의 강점이 될 수도 있다. '앓음다움'이란 말처럼 약점을 극복하는 과정에서 자기다움이 구축될 수 있다. 따라서 중요한 것은 이러한 과정을 통해서 '나다움'을 구축할 수 있는 지식이다.

척 보면 알 수 있는 잘난 척

원래 남 앞에서 말수가 적었던 후배가 유난히 말이 많아졌다. 미국에 있는 한 대학에서 MBA 과정을 마치고 온 후로 완전히 다른 사람이 되었다. 상대방의 말을 자르는 것은 기본이고, 회의 내내 목소리 톤이 격앙되어 있었다. 나는 기괴할 정도로 달라진 후배의 모습을 휴대폰 동영상으로 녹화했다. 그리고 회의가 끝난 후 조용한 곳에서 녹화된 모습을 보여 주었다. 다행히(?) 그는 괴물처럼 변한 자신의 모습에 당황하며 부끄러워했다. 후배는 말없이 잠시 고개를 떨구고 있다가 자신이 그렇게 변화된 이유가 MBA 과정 중 했던 팀 스터디 때문이라고 말했다. 세계 각지에서 온 사람들 앞에서 서툰 영어로 자신의 주장을 효과적으로 전달하기 위해 목소리도 키우고 적극적으로 행동하라는 조언을 받았다고 했다. 그 후 후배는 자기 생각을 거침없이 이야기하는 것이 '주도적(Proactive)인 프로의 자세'라고 믿었다고 했다.

만약 어떤 사람이 스스로 생각하기에 매우 조심스럽고 겸손하게 자랑하고 있다고 생각할지라도, 실상 모든 사람은 그가 매우 잘난 척하는 것을 알고 있다. 남들에게 자신이 가진 것과 이룬 것을 자랑하는 것은 아름다워(자기다워)지는 것이 아니라 더러워지는 것이다.

자기다움을 자기 본능, 개성, 취향 그리고 다른 사람을 의식하지 않고 여과 없이 자신의 의견을 발산하는 것으로 생각하는 사람도 있다. 이것은 들짐승이 소변으로 영역 표시를 하는 것과 같다.

나는 강점이 자기 자신이라고 주장하는 사람을 대상으로 자기다움에 대한 정의를 설명하기 위해서 더 이상의 지면을 할애하지 않겠다. 위에서 살펴본 '아름다움'의 정의가 여러 개였던 것처럼, 나만의 정의로 자기다움을 설명하고 싶다. 서문의 집필 동기에서 이야기했듯이 나는 자기다움을 브랜드라는 관점으로 정의하려 한다. 브랜드 관점에서 자신이 보여 주고 싶은 것을 드러냄으로써 남과 다르게 보이려는 것은 자기다움이 아니다.

뒤에서 자세히 다루겠지만, 시장에서 어떤 상품이 살아남으려면 고객이 수많은 상품 중에 굳이 이 상품을 사야 하는 '차별점'이 있어야 한다. 그래서 '남(경쟁 상품)과 다르기 위해서 자기다움'을 구축하는 것을 '마케팅'이라고 한다. 이것은 시장 지향적인 생각이고 경쟁 구도의 관점에서 차별화를 구축하는 방법이다. 반면에 브랜딩은 차별화를 '자기다움으로 인한 남과 다름'이라고 말한다. 한마디로 스타일 구축이다. 우리가 알고 있는 대부분의 리딩 브랜드를 살펴보면 자기 스타일이 있다. 이것은 남과 다르기 위해서 의도적으로 차별화를 한 것이 아니다. 단지 자신의 방향과 생각이 그렇게 표현될 뿐이고, 사람들은 그것을 스타일이라고 부른다.

까칠하다는 것을 멋스러움으로 착각하여 무조건 큰소리를 내고, 다른 사람의 의견을 무시하고, 대안 없는 비판을 하고, 자신이 가진 것을 드러내는 것을 마케팅에서는 '판촉'이라고 한다. 판촉은 말 그대로 판매를 촉진하기 위해서 소리를 지르거나 현란한 이미지와 문구로 시선을 낚는 행위다. 반면에 브랜딩은 소리 없이 자신의 존재감과 영향력을 시장에 흘려보내 사람을 이끈다. '명품'이라고 불리는 브랜드 매장과 동네 가게 매장을 떠올리면 쉽게 이 차이를 이해할 수 있을 것이다.

자기다움이 필요한 이유

수많은 구직 이력서에 해괴한 자기소개 문장들이 있다. 그 중에 하나가 '자신의 장점은 일에 너무 집중하는 것이며, 단점은 너무 집중해서 다른 사람의 마음을 읽지 못한다'이다. 이것은 장단점을 나름 교묘하게 강점으로 부각시키려는 말장난이다. 이런 기술적 문구의 진실을 확인하는 질문은 의외로 간단하다.

"지나친 집중으로 인한 장점과 그것 때문에 단점이 된 사례를 세 가지만 이야기해 주세요." 이것이 진실이라면 3개가 아니라 30개도 이야기할 수 있어야 한다. 하지만 대부분 이 질문에 대해 3문장을 잇지 못한다.

간혹 나는 브랜드의 임원 선발을 위해서 면접관이 되어 인터뷰를 할 때가 있다. 그들을 위해서 준비한 질문은 세 개다. 첫 번째는 지원하려는 브랜드에 관해서 알고 있는 모든 것을 이야기해 달라고 한다. 특히 여러 회사에 이력서를 넣고 3차 면접까지 오게 된 신입 사원들의 진정성을 알아보는 질문이다. 고민하고 준비하지 않으면 절대로 대답할 수 없고, 진심으로 대답하지 않으면 말하면서도 스스로 궁색함을 느낄 수밖에 없는 질문이다. 첫 번째 질문을 예상해서 준비했거나, 입사에 대한 열정이 있다면 이 질문은 충분히 대답할 수 있다. 그러면 나는 두 번째 질문을 한다.

"이곳에서 월급을 받지 않고 오히려 수업료를 내면서 다녀야 할 이유가 있다면 무엇인가요?" 기업이 주는 근로복지 혜택만을 알고 있는 사람은 절대로 대답하지 못한다. 자신의 부족함을 알고 이곳에서 뭔가를 확실히 배우고 싶다는 생각을 한 사람만이 대답할 수 있다.

세 번째 질문은 더욱 까다롭다. 예상했겠지만 '자기다움'에 대해서 물어본다.

"자신의 자기다움에 대해서 설명해 줄 수 있나요?"

처음부터 이 질문을 이해하는 경우는 거의 없다. 이해하지 못해서 질문의 의도를 물으면 이렇게 설명해 준다.

"지금까지 가장 자기다운 결정과 일을 했다면 무엇이 있나요?"

그래도 이해를 못하면 이렇게 질문을 한다.

"당신의 이름을 대신할 만한 단어가 있다면 어떤 것이 있나요?"

사실 이 질문은 다음 질문을 위해 준비한 것이다. 첫 번째와 두 번째 질문을 이해하지 못한 면접자가 세 번째 질문에 대한 설명을 듣고 비로소 자신을 '스마트'라는 단어로 표현할 수 있다고 말하면, 나는 이렇게 질문한다.

"자기다움이 스마트라고 한다면 최근 일주일 동안 스마트했던 자기다움의 사례를 말해 주세요." 진짜 듣고 싶은 대답은 따로 있다. "지금 이 기업에 입사하는 것이 왜 자기다운 결정인지 이야기해 주세요."

직장에는 여러 사람이 있다. 첫 번째는 직장을 통해서 자신을 완성하려는 사람이다. 이들은 성격, 태도, 능력, 그리고 인간관계의 완성을 자신의 업을 통해서 이루려고 한다. 진부한 관찰이라고 생각할 수 있겠지만, 이런 사람들의 대표적인 특징은 직장에서의 삶을 행복해하며 자기 일을 사랑한다. 그 이유는 너무나 간단하다. 직장을 돈을 받아 가며 지식을 배우는 학교라고 생각하기 때문이다. 그들은 전액 장학금을 받는 장학생의 특권을 누리고 있다. 이런 사람을 보는 것은 아프리카에서 핑크색 하마를 보는 것처럼 매우 드문 일이다.

두 번째는 가장 많은 유형의 사람으로서 생존형이다. 그들의 정체성은 샐러리맨이다. 그들의 즐거움은 업무도 있지만, 휴식과 오락이 상당 부분을 차지한다. 안전한 생존이 보장되는 시간만큼 일하고 회사에서 정리되지 않을 만큼 성과를 낸다. 조직의 생리에서 살아가는 방법을 배우는 사람들로서 자연(조직)의 순리대로 살아간다. 생존의 욕구가 강해서 직장도 본능에 따라 쉽게 옮긴다. 생존의 완성이 돈이기 때문에 적자생존의 원칙에 따라서 돈을 많이 주는 쪽으로 열심히 옮겨 다닌다. 이들은 자신을 위해서 일하는 것이 무엇인지를 이해하지 못한다.

세 번째는 잔존하는 사람들이다. 이들은 완성을 위해서 직장에 남아 있는 것이 아니라 어려운 환경에서도 '살아가는 법'을 터득한 사람이다. 이들을 나쁘다고 말할 수 없다. 이것도 삶의 방식이며 진화의 방식이기 때문이다. 그들 나름대로 '기술적으로' 조직에 붙어 있다. 조직에서 이런 사람들이 가장 무서

운 사람이다.

"당신은 이 세 가지 유형 중에 어디에 속한 사람인가?"

열심히 일하고 있는 직장인을 이렇게 멋대로 분류하고, 이런 무례한 질문을 한다면 그들은 어떻게 말할까? 사실 이와 비슷한 질문을 받았던 나도 바로 대답하지 못했다. 그 자리에서 대답하지 못한 것이 매우 불쾌한 채로 퇴근을 해야 했다. 나는 대답을 위한 대답을 생각할수록 마음이 불편해졌지만, 이 질문에 간절히 대답하고 싶었다. 그리고 내가 생각하는 직장(삶)은 다른 사람이 원하는 삶이라는 결론에 이르게 되었다. 그러자 그때까지 그렇게 쟁취하면서 만족했던 모든 것들이 불만족스러워졌다. 이 질문에 대답하기 위해 애쓰면서 내 생각과 생활에 치명적인 불균형이 있었음을 처음으로 알았다. 말 그대로 '불편한 진실'과 마주하게 된 것이다.

자기다움이 필요한 이유는 입사와 전직을 할 때 어떤 날카로운 질문에 명확하게 대답하기 위해서가 아니다. 입사를 왜 하고 전직을 왜 하는지를 스스로 결정하기 위해서다. 구직을 위한 자기소개서는 말 그대로 누군가 자신의 가치를 보여 주고 설명하기 위한 것이다. 누군가에게 보여 주기 위한 자기소개서를 쓰고 읽을 때 쑥스럽지 않은 사람이 몇이나 있을까? 만약에 입사 당시에 쓴 입사 원서를 지금 읽는다면, 내가 아닌 다른 사람이 나에 대해서 쓴 것처럼 느껴질 것이다. 자신의 입사원서를 자녀, 아내 그리고 친구에게 보여 줄 수 있는 용기를 가진 사람이 몇이나 될까?

 누구에게 자신을 보여 주기 위한 자기소개서가 아니라 자신이 자신에게 보여 주는 '자기다움'을 적어 보면 자신이 얼마나 빈약한 사람인지를 알게 된다. 고무줄처럼 사실을 늘려 허위로 쓴 경력이 아니라 자기 자신에 관한 내용을 A4 용지 한 장에 빼곡히 쓸 수 있는 사람은 찾아보기 어렵다. 물론 100문 100답처럼 시시콜콜 무엇을 좋아하고 싫어하는지를 쓴다면 페이지는 쉽게 채울 수 있겠지만, 자기다움은 그런 취미와 취향을 쓰는 것이 아니다. 자신이 쓰는 자기다움에 관한 내용은 다음의 질문과 답으로 이루어져야 한다.

 나만 보는 것은 무엇일까?
 나만 중요하게 여기는 것은 무엇인가?
 나는 나에게 어떤 질문을 하는가?
 나는 최근에 어떤 질문을 많이 했는가?
 나는 최근에 어떤 질문에 대한 대답을 가장 많이 했는가?

나의 행동이 다른 사람과 비교되는 것은 무엇일까?
나만의 독특한 사고방식은 무엇일까?
내가 최근에 선택하고 결정한 기준은 무엇인가?

당신이 일반적인 교육을 받았고 무난한 직장 생활을 하고 있다면, 예상컨대 '자기다움'에 대해서 교육을 받아 본 적이 없을 것이다. 오늘을 살아갈 때 '자기다움'은 중요한 기준이 되지 않기 때문이다. 어쩌면 이런 개념은 열심히 사는 당신을 귀찮게 하는 불온한 생각일 수도 있다. 긁어 부스럼을 유발하는 그런 비생산적인 생각, 한마디로 돈이 안 되는 생각이라고 치부할 수도 있다. 그러나 중요한 생각이 모두 돈이 되는 것은 아니다. 물론 돈이 된다고 모두 중요한 생각도 아니다.

하지만 '자기다움'을 묻는 이 질문에 대해서 진지하게 생각해 보면, 인생에서 자신이 무엇을 잃어버렸는지를 알게 된다. 이 질문에 화답하는 사람은 자기 인생의 주인으로 살게 된다.

이런 기준을 가지고 직장을 선택하고 일한다면 결국 어떤 사람이 될까? 이 질문의 대답으로 진로, 입사, 전직에서 '자기다움'의 명분을 세워야 한다. 이 자기다움은 전성기에 완공되는 것이 아니라, 평생 완성이라는 목표로 구축되는 것이다. 이렇게 평생을 바치면서 완성하는 '자기다움'은 후대에서는 브랜드로 살아날 수 있다. 우리가 알고 있는 해외 명품들의 이름은 대부분 창업자의 이름이다. 명품 브랜드가 처음부터 명품은 아니었다. 그들이 처음에 만든 것은 여행용 백, 말 안장, 무희들의 모자처럼 평범한 상품에 불과했다. 하지만 그들은 자신의 자기다움을 상품으로 보여 주려 했고, 그 상품이 품질(신뢰)이라는 명성을 얻게 되면서 결국 자기다움으로 완성되었다. 비록 그들은 죽었지만(end), 그들의 이름과 상품은 브랜드로 계속되고 (endless) 있다. 바로 '자기 부활'이다.

자신에 대한 지식인 '자기다움'을 알게 되면 연봉, 근무 조건과 대우, 사업 비전, 안전성과 같은 기준이 사라진다. 다른 사람들이 높게 평가하는 기준을 맹목적으로 따르지도 않는다. 자신이 평생 구축해야 할 대상이 자기다움이기 때문에 '돈'이 기준이 아니라 '왜'가 기준이 된다. 자기다움을 알고 있다면 내가 왜 취직을 해야 하는지, 어떤 기업을 지원할지, 취업이 아닌 창업을 해야 하는지, 창업한다면 어떤 분야로 창업할지, 이직은 어떤 기업으로 할지를 알게 된다. '기업은 왜 당신을 입사시켜야 하나?'와 '나는 여기에 왜 입사해야 하는가?'의 대답을 찾는 것이 자기다움이 필요한 이유다.

용광로 사유(思惟)

주변 사람에게 '당신의 자기다움은 무엇인가?'라고 물어보면 제대로 답변하는 사람이 드물다(거의 없다). 오히려 질문한 사람이 민망할 정도로 상대방이 우울해한다. 아마도 자신을 잘 알고 있다고 생각했는데 막상 말로 설명하려니 말문이 막혀 버려 일시적인 쇼크(black out)를 경험하는 것 같다. 어쩌면 당신도 대답하기 곤란한 질문들 때문에 지금쯤 짜증이 났을지도 모른다. 만약 그렇다면 나는 의도대로 잘 쓰고 있는 것이다. 사람들은 책을 읽다가 마음이 불편해지면 바로 덮어 버린다. 그래서 잘 팔리는 책은 마치 박하사탕처럼 입에 넣는 순간 바로 반응하게 되는 책들이다. 그럼에도 불구하고 마음을 불편하게 하는 책을 기획한 것은 그만큼 대가를 지불할 만한 가치가 있다고 확신하기 때문이다.

'자기다움'은 지극히 정상적인 사람이라면 생각하지 않을 주제다. 생각할수록 피곤하고, 무엇보다 자신에게서는 그 답을 찾을 수 없기 때문에 굳이 돈이 안 되는 고민을 하고 싶지 않은 것이다. 나는 이것을 자기 고민 없이 살다가 평안히 죽게 해주는 현대 사회의 안락사라고 본다.

누구나 한 번쯤 데카르트의 나는 생각한다, 고로 존재한다는 말을 들었을 것이다. 데카르트는 자신이 알고 있는 것을 모두 의심하는 데서 지식이 출발하고, 더 이상 의심할 수 없는 것에 도달할 때 학문이 시작되어야 한다고 말했다. 이것을 명증성의 규칙이라고 한다.

만약 내가 데카르트를 만나면 그는 나에게 이런 질문을 했을 것이다. "당신이 존재하는 이유는 무엇입니까?" 내가 머뭇거리면 "당신이 존재했다는 증거가 있나요?"라고 물었을 것이다. 아마 그는 대답하지 않고 있는 내가 화난 줄 알고 불편해하며 자리에서 일어서며 이런 질문을 했을지도 모른다. "당신이 존재해야 할 당위성은 무엇인가요?"

우리는 지금 잘 살고 있을까? 지금 우리의 상태를 의심해 보자. 왜 우리는 '존재 이유와 방법 그리고 목적'에 대해서 말하지 못하는 것일까? 혹시 무념(無念)으로 인해 무뇌(無腦)가 된 우리는 뇌사(腦死) 상태의 코마가 아닐까? 왜 우리는 자신의 존재감을 의식하지 못하는 것일까?

'자기다움'을 구축하는 방법은 다양하다. 남과 비교하면서 자기다움을 찾는 사람, 자기다워질 때까지 기다리는 사람, 어떤 기준을 가지고 자기다움을 항상 확인하는 사람, 새로운 일을 통해서 잠재된 자기다움을 발견하는 사람, 평범한 일상에서 특별한 생각을 끌어내어 자기다움을 완성하는 사람 등 사람마다 자기다움을 구축하는 방법이 제각각이다. 그중에서 가장 많이 사용하는 방법은 자기를 '발견'하기 위한 여행을 가는 것이다. 여행을 떠남으로써 의도적으로 혼자가 되어 자신과 만나는 방법이다. 이것은 매우 유용한 방법이지만, 내가 하는 일에서는 불가능한 방법이고 내 기질에도 맞지 않는다. 여행이라는 것 자체가 너무나 신경 쓰이는 것이 많고, 볼거리도 많아서 나를 각성시키기 때문이다. 나는 차라리 푹신한 소파에서 하루 종일 자신에 대해 질문하고 대답하는 것에서 자기다움을 찾는다. 데카르트를 모방한 것은 아니지만 그 방법은 비슷하다.

  나에게 특화된 '자기다움'의 구축 방법은 '평범한 일에 대해서 특별한 생각(자기다운 생각)으로 자기다움'을 발견하는 것이다. 여기서 중요한 요소는 촉매라고 할 수 있는 '자기다운 생각'이다. 이 촉매를 어떤 것으로 쓰느냐에 따라서 용광로처럼 정련(精練)된 생각에서 순도 높은 자기다움을 뽑아낼 수 있다.

  '나는 누구인가?' 경험상 이런 질문은 '자기다움'을 알게 하지 못한다. 오히려 자책과 끊임없는 연민의 깊은 수렁으로 빠져들게 만든다. '자기다움'을 알게(찾게, 구축하게) 하는 나의 촉매 질문은 '내 목숨보다 더 소중한 것이 있다면 무엇일까, 그래서 목숨을 걸고 지켜야 하는 것은 무엇일까?'이다. 이 질문을 듣는 순간 일상의 모든 것들이 고민의 용광로로 밀려 들어온다. 그리고 이 고민의 용광로에서 들끓던 무수한 답변들은 시간이 흐름에 따라 하나 둘 녹아 버리고 결국 오랜 시간 그 온도를 견딘 것들만 남게 된다.

반짝인다고 모두 다이아몬드가 아닌 것처럼, 멋진 개념이라고 해서 다 내 것이 되진 않는다. 자기다움을 묻는 이런 질문에 대한 답변은 하루 만에 나오지 않는다. 5년 어쩌면 10년이 걸려서 나올 수도 있다. 내 경우는 11년이 걸렸다. 설사 나왔더라도 그것이 진짜인지 확인하기 위해서는 용광로가 식을 때까지 기다려야 한다. 나도 기껏 찾았다고 생각해서 글로 써서 달력에 붙여 보지만, 시간이 지나면서 그런 단어들은 작년 달력보다 가치 없을 때가 많다.

1992년부터 2012년까지 나는 행사기획 간사, 영업부 직원, 광고 AE, 카피라이터, 문화기획 본부장, 패션 전문지 에디터, 브랜드 컨설턴트 그리고 브랜드 전문지 편집장으로 일했다. 얼핏 보면 매우 다양한 경력이라고 할 수 있지만 오직 하나의 질문이 나를 여기까지 끌고 왔다. '창의성이란 무엇일까'이다. 처음에는 '창의성에 대한 호기심'에서 시작했고 그다음에는 '창조의 기쁨'으로 넘어왔으며, 지금은 '브랜드 창조와 창조의 시장'을 생각하고 있다.

처음에는 단순히 '창조'라는 묘한 상상력에 이끌렸다. 그 후 인간 사회에서 창조의 결과물이 브랜드라는 것을 알기까지는 순도 높은 생각이 필요했다. 브랜드라는 현상과 학문을 연구하면서 나의 용광로(생각)의 끓는 점은 점점 올라갔다. 그렇다면 '창의성'을 밝히는 것이 나의 목숨보다 소중한 것일까? 목숨보다는 가치가 없겠지만, 목숨을 걸고 해야만 알 수 있는 일이라는 것을 깨달았다.

지금도 목숨을 걸고 북극 바다 밑에 있는 고래들을 찾아다니거나, 심해 동굴에서 생명의 신비를 연구하는 사람들이 있다. 목숨은 걸지 않지만, 광년이라는 개념을 이해하기 위해 자신의 생명을 1초처럼 쓰는 물리학자들도 있다. 그들은 상상할 수 없는 거리에 있는 우주를 연구하거나 우주 최초의 신비인 빅뱅 사건을 밝히려는 사람들이다. 그들은 과연 무엇에 이끌려 그렇게 살까? 무엇 때문에 목숨을 걸고 그런 일을 할까?

만약 영업사원이 매장을 돌아다니고 새로운 매장을 개설하

'자기다움'을 특이한 개성이나 취향쯤으로 생각하면 어릿광대가 된다.
앞부분에서 아름다움과 자기다움의 정의를 '나를 나답게 하는 지식과
깨달음'이라고 말했다. 따라서 자기다움은 자기의 생명을 걸 만한 가치
가 되어야 한다. 세상에서 가장 귀한 것은 자신의 생명이다.
자신의 생명만큼 가치 있는 것을 찾는 것이
바로 자기다움을 구축하는 첫 번째 발걸음이다.
자기다움은 자신의 생명과 동일한 것을 찾는 것이다.

는 일을 혹등고래 학자처럼 했다면 어떤 결과가 있을까? 패션 전문지 에디터가 우리나라에 있는 3,000여 개의 브랜드를 취재할 때, 공룡화석을 찾는 고고학자처럼 시장 뒷골목까지 샅샅이 뒤진다면 어떤 브랜드를 발견할 수 있을까? 시장에 존재하는 수백만 개가 넘는 브랜드의 기원을 빅뱅의 관점에서 연구한다면 어떤 것을 발견할 수 있을까? 자기다움을 구축하려는 생각, 그것은 자기다움으로 평범한 일을 특별하게 만드는 생각을 말한다.

'자기다움'을 특이한 개성이나 취향쯤으로 생각하면 어릿광대가 된다. 앞부분에서 아름다움과 자기다움의 정의를 '나를 나답게 하는 지식과 깨달음'이라고 말했다. 따라서 자기다움은 자기의 생명을 걸 만한 가치가 되어야 한다. 세상에서 가장 귀한 것은 자신의 생명이다. 자신의 생명만큼 가치 있는 것을 찾는 것이 바로 자기다움을 구축하는 첫 번째 발걸음이다. 자기다움은 자신의 생명과 동일한 것을 찾는 것이다.

돈을 죽도록 사랑하는 사람은 많아도 돈을 위해서 죽는 사람은 없다. 누가 100억 원을 위해서 죽을까? 그러나 우리는 100억 원을 얻기 위해서는 죽도록 달려간다. 결국 100억 원을 위해서 죽는 사람이 되고 만다.

미아보호, 자아보호

'그럼 어떻게 자기다움을 찾거나 구축할 수 있나?' 아마 이 책을 여기까지 읽은 독자라면 이 질문을 마음속으로 수십 번은 했을 것이다. 하지만 방법은 다 말했다. 그것을 인식하지 못한 것은 공감하지 않았거나 자기 것이 아니라고 생각했기 때문이다. 이제부터 소개될 구체적인 방법은 나의 경험칙(經驗則)일 뿐이다. 따라서 결코 해답은 아니다. 자기다움의 방법은 자기밖에 모른다. 그러므로 자기다움을 구축하기 위한 자기만의 경험칙을 만들어야 한다. 그 한 예로 데카르트의 방법을 살펴보자. 그는 의심을 통해서 확실히 인식하게 된 것만을 진리라고 믿었다.

이런 진리를 발견하는 방법으로 그는 모든 문제를 완전히 분해시켰다. 이렇게 분해된 문제를 다시 재조합하여 간단한 것에서 복잡한 것에 이르는 지식의 순서를 정하고 체계화시켰다. 마지막으로 확신으로 진리를 인정할 때까지 관련된 모든 지식을 열거하고 검사했다. 데카르트를 자기다움에 이르게 한 사유 방식은 '증명을 위한 분해 그리고 종합하여 열거한 후 나온 검증'

이다. 그렇다면 나만의 사유 방법은 어떤 것이 있을까?

 7년 만에 어렵게 딸을 갖게 되었다. 나는 태어난 지 3분도 되지 않은 아이를 보면서 스스로 이런 질문을 했다. '나는 이 딸을 위해서 당장 죽을 수 있을까?' '당연하지!' 대답은 반사적으로 나왔다. 10개월 동안 내 딸을 뱃속에서 키운 것은 내가 아니다. 이 딸을 얻기 위해서 공급한 것은 3억이 넘는 정자들뿐이고 이 딸은 그중의 하나다. 그런데 왜 나는 이런 확률로 얻어진 나의 딸에게 생명을 줄 수 있다고 생각한 것일까? 이런 황당한 질문을 하게 된 것은 7년 동안 딸처럼 키운 '몽찌'라는 반려동물 때문이다. 몽찌가 7년 동안 아내와 나 사이에서 끼어 잤다면 그것은 개일까, 사람일까? 개가 사람을 위해서 목숨을 버려 세계 토픽에 나온 경우는 있지만, 사람이 개를 위해서 목숨을 버린 경우는 없다. 비록 나는 7년 동안 몽찌를 딸처럼 키웠지만 생명을 바칠 마음은 전혀 없다.

 나의 생명을 기꺼이 바칠 수 있는 이 갑작스러운 '감정'에 대해서는 여전히 궁금하다. 이것은 나만 가지고 있는 것이 아니다. 곤충부터 시작해서 물고기까지 가지고 있는 부성애와 모성애다. 나는 이것을 단지 종족 번식을 위한 본능이라고 말하고 싶지 않다. 이런 마음을 본능이라고 하기에는 너무나 낭만적이고 고결하기 때문이다.

 자신의 반쪽을 배우자라고 한다. 자녀는 자신의 유전을 가지고 태어난 50%의 또 다른 자신이다. 대부분의 사람들이 자신의 반쪽을 얻기 위해서 많은 대가를 지불한다. 그뿐 아니라 아이를 낳고 기르기까지 많은 노력이 필요하다. 지금 내가 찾고 구축하려는 '자기다움'도 자신의 반쪽인 배우자와 자녀를 얻는 것과 같다. 또 다른 자신과 하나가 되는 과정에서 얻는 기쁨도 있지만 고통도 있고 어려움과 갈등도 있다. 내가 말하는 자기다움도 이런 것이다. 자기다움을 구축하는 것은 결코 쉽지 않다. 운명적으로 발견해서 결합할 수도 있지만, 현재 자기다움이라고 믿는 것을 평생 의심할 수도 있다.

 '자기다움'을 찾고 구축하려고 마음먹으면 배우자와 자녀를 처음 만날 때와 같은 설렘이 있다. 물론 그 과정에서 생긴 어려움과 혼돈으로 말미암아 내면의 충돌과 낯선 고통을 겪을 수도 있다. 그래도 끊임없이 자기다움을 찾는 것에 대해서 종교는 소명이라고 말한다. 비록 자기다움을 추구하는 마음의 기원(Origin)은 알 수 없지만, '자기다움'을 의식하는 순간부터 자기를 부르는 마음의 북소리가 들리면서 이를 찾기 위한 여정이 시작(Begin)된다.

인간은 부성애와 모성애에 대해 특별한 가치를 부여한다. 할리우드 영화를 보면 뭉클한 감정선을 만드는 주요 소재로 모성애와 부성애가 쓰인다. 심지어 우주 괴물이 나오는 영화에서조차 모성애의 애틋한 사랑을 부각시킨다. 그래서 부성애와 모성애를 버린 인간은 '동물보다 못하다'라는 말을 듣지만, 지구상에서 모성애와 부성애와 같은 본능을 거스르는 것은 인간밖에 없기 때문에 이 말은 틀린 말이다.

"내가 찾는 자기다움을 어떻게 알 수 있을까요?"라고 누군가 나에게 물으면 나는 "부모의 사랑으로 자녀를 보는 그런 기분일 것입니다"라고 대답한다. 자기다움의 열망은 진정으로 사랑하는 것을 찾는 것이다. 나의 반쪽인 배우자를 찾는 것처럼, 또 다른 나로 태어난 자녀를 만나고 싶어 하는 것처럼 '자기다움'은 나를 만나는 것이기 때문에 그것은 본능이다.

"그렇게 나의 반쪽을 찾는 열정으로 노력하면 자기다움을 구축(만날 수)할 수 있나요? 혹시 엉뚱한 자기다움을 찾으면 어떻게 하죠?" 이런 질문도 받는다. 그렇다면 현재 나와 함께 사는 배우자가 진짜 내 배우자란 증거가 있는가? 아마 결혼한 사람이라면 싸울 때마다 한 번쯤은 부부가 된 것을 후회했던 경험이 있을 것이다. 만약에 20년 동안 키운 아이가 친자가 아니라

"내가 찾는 자기다움을 어떻게 알 수 있을까요?"라고
누군가 나에게 물으면 나는 "부모의 사랑으로 자녀를 보는 그런 기분일
것입니다"라고 대답한다. 자기다움의 열망은 진정으로
사랑하는 것을 찾는 것이다. 나의 반쪽인 배우자를 찾는 것처럼,
또 다른 나로 태어난 자녀를 만나고 싶어 하는 것처럼 '자기다움'은
나를 만나는 것이기 때문에 그것은 본능이다.

병원에서 바뀌었다는 것을 알게 되면 당장 집을 나가라고 할까? 이런 염려로 자기다움을 찾는 것을 두려워하는 것은 그림자 없는 존재를 두려워하는 것과 같다.

누군가 나에게 지금 당신은 자기다움을 완벽하게 알았는지를 오직 '예'와 '아니오'로 대답하라고 한다면, 그 대답은 '아니오'다. 그럼에도 내가 '자기다움'이라고 믿고 있는 이것들보다 현재 더 사랑하는 것은 없다. 비록 나의 자기다움은 아닐지라도 그것은 나에게 중요하다. 내 딸을 목숨을 걸고 지킬 수 있는 것처럼, 지금 내가 믿고 있는 '자기다움'도 목숨을 걸고 지킬 만한 것이다. 내가 사랑하는 한 나의 '자기다움'은 미아가 아니라 나의 딸이다. 그래서 아름답다(나답다).

인생은 여전히 아름다워

앞에서 다룬 '아름답다'의 어원을 기억해 보자. '아름답다'는 3개의 원료인 '알다+앓음+나'로 구성되었다. 이것을 연결해 보면 '아픔을 통하여 나다워지는 깨달음'이라고 말할 수 있다. 그래서 '인생은 아름다워야 한다'는 의미는 '자신을 알아 가야 한다'는 뜻이다. 자신을 알아 간다는 것은 내가 나인 이유를 아는 것이다. 자기다움이란 자신을 세상에서 오직 하나만 있는 원본으로서, 자신의 가치를 인식하는 것이다. 자기다움을 인식하면 나만이 창조할 수 있는 가치는 무엇인가를 설명할 수 있다. 자기다움을 통해서 알게 되는 것은 자신이 '무엇을 할 수 있는가'보다 '무엇을 해야만 하는가'이다.

사람들은 대부분 자신의 능력을 높게 평가한다. 인사평가 항목 중에 자신을 스스로 평가하는 항목이 있다. 대부분의 사람은 자신에게 5점 만점에 4점 혹은 4.5점이라는 후한 점수를 준다. 높은 점수를 준 이유에 대해서 질문하면, 오직 자기애(감정만)로 자신을 보호하려는 변명만 할 뿐 논리는 없다. 반면에 같은 프로젝트와 동일한 결과를 가지고 타인을 평가할 때는 3점 혹은 2.5점이라는 낮은 점수를 준다.

타인을 낮게 평가한 이유 역시 논리도 없고 기준도 없다. 하지만 자신의 능력과 성과에 높은 점수를 준 사람에게 자신의 가치에 대해서 평가해 보라고 말하면 뜻밖에 2~3점이라는 낮은 점수를 준다. 왜 사람은 자신의 능력과 성과에 대해서는 높게 평가하면서, 자신의 가치에 대해서는 낮게 평가할까? 그 이유는 평상시에 자신의 존재 가치를 생각하지 않았기 때문이다.

면담을 통해서 자기다움을 인식한 사람들의 평가 점수는 달랐다. 그들은 자신을 낮게 평가하고 타인은 높게 평가했다. 자신을 낮게 평가한 이유를 물어보면 자기 일을 하다 보니 더 할 수 있다는 것을 깨달았고, 지금의 결과는 최선이지 최고가 아니기에 낮은 점수를 주었다고 말한다. 타인을 높게 평가한 것은 타인의 능력보다는 타인의 가치에 대해서 인정하기에 높은 점수를 주었다고 말한다.

'자신의 가치를 높게 인정하는 사람'이란 자기애가 강한 사람이 아니다. 남과 비교해서 자기 가치를 확신하고 결정하는 사람이 아니다. 그는 자기 가치와 자기 기준이 높은 사람이다. 자신의 가치를 높게 평가하는 사람들은 자신의 결과물에 대해서는 항상 최고가 아니며 더 높은 수준으로 올릴 수 있다고 생각하기 때문에 자신의 결과물에 낮은 점수를 준다.

자기 능력은 높게 평가하지만 자기 가치를 낮게 평가하는 사람의 가장 큰 문제점은 자기 가치와 기업 가치를 융합하여 새로운 가치를 만들 수 없다는 것이다. 경영에서는 직원의 개인 가치와 기업의 조직 가치를 융합하여 고객에게 주는 새로운 가치를 만드는 것을 '가치 창조'라고 한다. 이것은 기업의 존재 및 생존 이유이기도 하다. 기업의 가치 창조의 핵심은 이처럼 이해 관계자의 가치를 인식하여 새로운 가치를 발견하는 데 있다. 따라서 자신

'자신의 가치를 높게 인정하는 사람'이란 자기애가 강한 사람이 아니다.
남과 비교해서 자기 가치를 확신하고 결정하는 사람이 아니다.
그는 자기 가치와 자기 기준이 높은 사람이다.

의 가치를 인식하지 못하는 사람은 기업의 가치뿐만 아니라 고객이 원하는 가치를 파악할 수 없다. 이처럼 자기 가치를 인식하지 못하는 사람은 자신이 기업에서 어떤 존재 가치가 있는지도 설명하지 못한다. 단지 최선을 다했고 남들보다 더 희생했다는 이유로 자신을 높게 평가할 뿐이다. 이런 사람은 기업에서 '잔존 인물'이 될 확률이 높다. 이들은 그가 이룩한 결과에 대해 저조한 평가를 하면, 자신은 뭐든지 할 수 있지만 시스템과 기회가 자신을 받쳐 주지 못했다면서, 자신의 능력을 십분발휘하지 못하는 것을 안타까워한다.

자기다움의 결정체는 자기 가치다. 이것을 응축하는 데 치명적인 천적이 있다. 그것은 '비교'다. 일단 비교에 들어가면 쉽게 벗어나올 수 없다.

예전에 컨설턴트 분야에서 함께 일하던 동료가 잡지를 만들고 있는 나에게 여러 가지 조언을 해주다가, 고전분투하는 나를 안타깝게 여겨 밥을 사준 적이 있다. 동료는 매월 적자를 내는 잡지에 매달리는 내가 한심해 보인 모양이었다. 나는 친구가 아닌 컨설턴트와 함께 식사하면서 1시간 내내 잡지 사업의 대안과 전략 그리고 필요하다면 접고 나오는 플랜 B에 대해서 들었다. 식사가 거의 끝날 무렵, 나는 이렇게 물었다.

"만약에 네가 지금 받는 연봉 3억 5,000만 원을 받지 않고 네가 하는 일을 하라면 할 거냐?" 동료는 대답하는 데 1초의 망설임도 없었다.

"미쳤냐? 돈도 안 받고 이런 일을 하게!"

"너는 3억 5,000만 원을 받아야만 하는 일을 하고, 나는 3,500만 원을 주어도 이 일을 한다면 누가 더 행복한 것일까?"

비교의 기준이 돈과 타인이 되면 그 즉시 자기다움과 자기 가치는 사라지고 자기 부패가 시작된다. 비교하는 즉시 자신은 초라해지고, 쓸모없어 보이며, 인생을 헛되게 살아온 것으로 결론이 난다. 이런 슬픔을 참지 못하여 통렬히 운다고 해서 어느 누가 상관할까? 누가 관심이나 있을까?

자신이 세상에 하나밖에 없는 원본이라고 인정한다면 다른 원본에 대해서는 생각할 필요조차 없다. 자기 것이 아닌 다른 것과 '비교'하는 순간 '복사' 버튼을 누르게 된다. 결국 자신은 원본이 아닌 복사본의 인생을 살게 되고, 그런 복사본들은 누군가에 의해서 대체될 수 있다.

인생은 아름다워야 한다. 그 아름다움은 자신을 아는 지식으로 자기다움이 충만해지는 것이다.

3

자기다움으로
자기 세상을
창조하다

내가 창조한 세상은 어떤 사람들이 살고 싶어 할까? 나의 세상에서 나는 황제일까? 아니면 문지기일까? 내 세상의 가치는 어떤 것으로 이루어졌을까? 천국 같은 세상을 만들겠다는 어떤 사람의 세상을 들여다보면 실제로는 지옥인 경우도 있다. 만약에 자신만의 세상을 만들고 싶다는 사람을 만나면, 그곳이 어떤 세상인지 이 질문 하나로 충분히 알 수 있다. "당신의 세상을 움직이는 (헌)법은 무엇인가요?"

닳아 버린 얼굴

명예퇴직을 신청한 친구에게 19년 동안 일한 직장을 나오면서 가장 후회하는 것이 뭐냐고 물었다. 친구는 많이 고민하던 주제인지라 바로 대답했다. 첫 번째는 성실하게 최선을 다해서 일하지 못한 점을 반성했다. 만약에 더 성실하게 일했더라면, 지금쯤 다른 모습과 전문 지식을 가졌을 거라고 말했다. 자신의 분야를 더 열정을 가지고 더 깊이 연구하지 않은 것을 통탄했다.

두 번째는 자신의 능력을 제대로 발휘하지 못했다고 했다. 신입사원 때는 팀장에게 눌려서 자신의 능력을 제대로 보여 주지 못했고, 상관이 되어서는 부하직원들이 자신의 능력을 발휘하도록 기회를 모두 주었다고 했다. 이 말은 친구이지만 구차한 변명처럼 들렸다. 친구는 '좋은 것이 좋은 거다'라는 모호한 기준을 가지고 직장 생활한 것을 회개(?)했다.

세 번째는 명확한 자기 비전이 없었다고 했다. 2번의 이직 기회와 3번의 직무 이동이 있었을 때 자기 비전이 없어서 그 자리에 머물고 있었다고 했다. 많은 동료들이 확고한 자기 비전에 따라 위험한 선택을 해서 곤란에 빠진 경우를 보았다고 했다. 하지만 자신은 위험을 피하려고 모험을 하지 않은 결정 때문에 이제 가장 위험한 인생을 살게 되었다고 말했다.

네 번째는 불성실한 인간관계다. 친구는 명예퇴직을 하기 전에 직장 생활을 하면서 알게 된 여러 관련 업체에 입사원서를 냈다. 때마침 예전에 함께 일하던 직장 동료가 이직해서 그곳에서 임원으로 일하고 있었다. 하지만 그는 입사를 도와주기는 커녕 도리어 이를 막았다. 친구는 그것을 알고 인생을 헛살았다고 후회했다.

그리고 다섯 번째⋯ 친구는 네 번째까지는 번호를 매겨 가면서 말했지만, 눈시울이 붉어져서 다섯 번째를 말하지 못했다.

열정적이지도 모험적이지도 않은 인생의 끝은 항상 혼자가 된다. 혼자가 되는 것은 자기다움이 아니라 자기 부재다. 그렇다면 이제부터 열심히 일한다고 해서 자기다움이 구축될까? 이번에는 자진 퇴사하는 또 다른 친구의 이야기를 들어 보자.

그는 정반대의 이유를 말한다. 회사 일에만 집중했다. 소모되었다. 회사 외에 다른 관계들이 무너졌다. 그리고 어느 날 갑자기 자신의 존재감이 없다고 느껴져서 사표를 집어던지고(이런 사람은 이렇게 표현한다) 나왔다고 말한다. 하지만 그렇게 나와서 몇 달 지나지 않아 바로 다른 회사에 입사해 버렸다. 대부분의 사람들이 보여 주는 지극히 일반적인 현상이다. 두 사람 모두 자기다움 없이 열정적으로 혹은 열정적인 척(?)하면서 일만 했다. 그들은 회사 화장실에서 거울을 볼 때 누구의 모습을 보고 있었을까? 자기의 얼굴을 보았을까? 아니면 닮고 닮은 직장인의 얼굴을 보았을까? 이 두 친구가 모두 자기다움으로 19년을 살았다면 회사는 어떻게 변했을까? 관계는 어떻게 되었을까? 그리고 자신은 어떤 얼굴을 가졌을까? 거울을 들여다 보자. 누가 보이는가?

자기다움을 이해하는 지능

내가 '자기다움'이라는 개념과 가치를 알게 된 것은 다름 아닌 '브랜드' 때문이다. 1993년부터 나는 기업의 브랜드를 창조(런칭)하는 기획 일을 했다. 처음에는 단순히 창조성에 관한 호기심 때문에 선택한 일이지만, 그것은 나를 〈유니타스브랜드〉라는 잡지의 발행인과 편집장으로 만들었다. 이렇게 19년 동안 브랜드에 관한 연구와 실행을 하면서 가장 많이 듣고, 가장 중요하게 여기는 단어가 바로 아이덴티티(Identity)다.

브랜드가 단순히 상표가 있는 상품이 되지 않기 위해서는 다른 상품과 '차별화'가 되어야 한다. 기업에서 만든 브랜드들은 자신의 차별점을 보여 주기 위해서 디자인, 광고, 판촉과 협찬을 한다. 대체로 차별화가 안 된 (자칭)브랜드일수록 요란하게 소리 지르고(매체 광고), 허락 없이 눈앞에서 서성거리며(현수막과 포스터), 끊임없이 혼자 중얼(홍보)거린다. 반면에 차별화가 된 브랜드는 오히려 고요하거나 속삭인다. 그래서 사람들이 귀를 기울인다. 브랜드에서는 이런 차별화를 갖춘 브랜드를 아이덴티티(Identity)를 구축한 브랜드라고 말한다. 한마디로 '자기다움'을 갖춘 브랜드다.

브랜드에서 궁극의 차별화라고 불리는 아이덴티티(Identity)라는 단어를 해부해 보면, 놀랍게도 사람에 관한 '자기다움'과 같은 DNA 구조가 있음을 볼 수 있다. 아이덴티티는 라틴어가 어원으로서 수천 년 전에는 고대 철학자들이 identitatem, identitas로 사용했다. 이 단어의 어근인 ident와 비슷한 의미가 있는 단어를 살펴보면 idem(같은 저자, 약자로 ID)이다. 아이덴티티는 이 단어와 혼용되면서 'the same(같다)'이라는 오늘날의 의미가 되었다고 한다. 그래서 아이덴티티를 '동일시'라고 해석하기도 한다. 우리를 증명하는 주민등록증을 ID Card

라고 하는 것도 이런 의미에서다. 그렇다면 나의 신분을 알려 주는 주민등록증 말고 나와 동일하게 여기는 것이 있다면 무엇이 있을까? 오직 나를 표현하고 나를 증명할 수 있는 것이 무엇일까? 해외에서는 여권이고, 국내에서는 신용카드 그리고 휴대폰이 나를 증명해 준다. 나와 동일시되는 것이 아이덴티티다.

어떤 브랜드가 아이덴티티를 구축했다는 말은 단순히 '품질이 완벽하다'는 말이 아니다. 품질 그 이상의 것을 갖추고 있다는 뜻이다. 할리데이비슨이라는 모터사이클은 자유, BMW는 명예와 자부심, 애플은 혁신적인 창조성, 몽블랑은 고결한 전통이라는 보이지 않는 '가치'를 자신의 브랜드로 이미지화시켰다. 이때 브랜드가 아이덴티티를 구축했다고 말한다. 그렇다면 왜 브랜드는 이런 보이지 않는 가치를 구축하려고 할까? 그 이유는 앞에서 말했듯이 다른 경쟁사가 복사할 수 없는 차별점을 구축하기 위해서다. 이렇게 보이지 않게 구축된 아이덴티티는 경쟁사가 흉내 낼 수도 없고 빼앗아 갈 수도 없다. 비록 보이지 않지만 이런 아이덴티티와 가치는 강력하게 차별화되어 완벽한 브랜드로 구축될 수 있다.

예를 들어, 캔버스 천으로 만든 신발은 캔버스 신발(Commodity)이라고 부른다. 이 신발은 예쁘고, 가볍고, 저렴하다.

나의 신분을 알려 주는 주민등록증 말고
나와 동일하게 여기는 것이 있다면 무엇이 있을까?
오직 나를 표현하고 나를 증명할 수 있는 것이 무엇일까?

하지만 같은 캔버스화라 해도 컨버스(Converse)라고 부르는 브랜드가 되면, 그때부터는 캔버스 신발이 아니라 '컨버스'라는 브랜드가 된다. 예쁘고, 가볍고, 싼 신발이 아니라 음악, 열정, 반항, 자유, 실험적인 그리고 구속되지 않은 사람들의 실체(entity)인 (브랜드로서의) 컨버스가 된다. 여기서부터 브랜드가 되는 복잡하고 난해한 진화가 일어난다. 컨버스는 그 누군가에게 실체의 대상이 되는 아이덴티티가 되고, 더 나아가 브랜드 자체가 자신의 메시지를 전하는 이데올로기(Ideology)가 된다. 마지막 최종 단계에 이르면 브랜드는 더 이상 제품이 아니라 어떤 가치의 상징, 그 자체가 되어 버린다.

럭셔리 하면 떠오르는 브랜드는? 최고의 전통 하면 떠오르는 브랜드는? 미국을 대표하는 브랜드는? 일본의 장인 정신을 대표하는 브랜드는? 독일의 전문성을 보여 주는 브랜드는? 이탈리아의 최고 가치를 말하는 브랜드는? 이런 낱말 퀴즈 같은 질문을 받으면 문득 떠오르는 브랜드가 있다. 바로 그것이 '상징'이 되어 버린 브랜드다. 그래서 브랜드의 꿈은 최고의 상품이 되는 것이 아니라 하나밖에 없는 상징이 되는 것이다.

이런 목적 때문에 브랜드를 창조하기 전에 가장 먼저 결정할 일은 '나의 브랜드는 어떤 상징이 되어야만 하는가?'에 대한 대답을 찾는 것이다. 단순히 고객의 욕구만 만족시킬 것인가? 아니면 고객에게 새로운 가치를 보여 줄 것인가? 경쟁사의 공격을 정면으로 받아칠 것인가? 나만의 스타일을 구축할 것인가? 이런 복잡한 선택에서 명쾌한 대답을 주는 것이 바로 아이덴티티다.

아이덴티티는 뭔가 그럴싸한 개념을 만들기 위해서 복잡한 단어를 머리에 집어넣고 흔들면 툭 튀어나오는 것이 아니다. 아이덴티티의 시작은 고객이 '왜 내가 이것을 사야만 하는가?'에 대한 대답을 하려는 데서 시작된다. 마치 인간의 자기다움도 '왜 나는 나여야만 하는가?'에서 시작하는 것과 같다.

자기다움을 아이덴티티라고 불러도 큰 차이는 없다. 아이덴티티(Identity)가 id(Ego, 자신, 본능적 충동의 실체) + en-tity(실체)라는 단어로 구성된 것처럼, 아이덴티티(Identity)를 '나'를 이루는 '모든 것'인 '자기다움'으로 해석할 수 있다.

지금부터 이름을 제외하고 독자와 동일시될 수 있는 것을 적어 보자. 사실 동명이인이 많아서 이름도 오직 당신만이 쓸 수 있는 것이 아니다. 그렇다면 이름을 제외하고 당신이 될 수 있는 것들을 적어 보자. 만약 휴대폰을 보고 있다면 그것도 당신의 것은 아니다. 지금 명의가 당신 것이라 해도 잃어버리는 순간 당신은 새로운 번호를 발급 받아야 한다. 한 달 전에 구매한 자동차 역시 당신을 대신할 수 없다. 당신은 아마 자신과 동일시되는 것을 찾고자 할 때 당신이 소유한 것들을 떠올릴 것이다. 이것이 브랜드의 힘이다.

이처럼 브랜드는 사람들의 아이덴티티를 대신하고 싶어 한다. 시장을 주도하는 리딩 브랜드를 살펴보면 고객에게 기능을 설명하지 않는다. 리딩 브랜드들은 고객과 감정을 공유하고, 관계를 제안하며, 인간이 추구하는 가치를 이야기한다. 브랜드는 인간이 추구하는 '자기다움'과 '자기답게 하는 것'을 상품으로 구체적으로 보여준다. 만약에 당신이 스마트한 자기다움을 구축하기 원한다면 무엇을 할까? 스마트폰을 먼저 살 것인가? 아니면 도서관에서 100권의 책을 읽을 것인가? 대부분의 사람은 대중의 선택을 따른다.

돈으로 거의 모든 것을 살 수 있는 현대사회에서 우리는 자기다움조차 사려고 한다. 브랜드가 단지 상품의 상표로 불린다면 에이브러햄 매슬로가 말한 '생리적 욕구'의 충족거리에 불과하다. 그러나 이미지와 가치 그리고 메시지를 구축한 브랜드는 인간의 자기실현 욕구를 충족시키는 아이덴티티가 된다. 한마디로 '자기다움'의 '다워지는 것'으로 변형되는 것이다.

자기다움의 갈망

브랜드를 기획해서 런칭하고 연구하면서 모든 사람에게 자기다움의 결핍이 있다는 것을 알았다. 나 또한 '자기다움과 잘난 척'의 양극단에서 상황에 따라 옮겨 다니고 있다는 것도 알았다. 그런 내가 자기다움을 찾고 구축하려던 시기는 1999년 가을부터였다. 방법은 의외로 간단했다. 그때부터 지금까지 새벽에 출근해서 2시간 동안 생각하고 일기를 쓰는 것으로 자기다움을 이해하려고 했다.

내가 이해하는 자기다움에는 '풍성함'과 '단단함' 그리고 '완성됨'이라는 에너지가 있다. 나는 이런 느낌의 실체를 찾기보다는 새벽에 내가 부족한 것이 무엇인지를 알려고 했다. 책을 읽으면서 지식을 입력하는 것이 아니라 거울 삼아 나를 비춰 보려고 했다. 일기를 쓰면서 내가 가장 많이 걱정하고 생각하고 있는 것을 알려고 했다. 책은 읽을수록 나의 부족함을 느끼게 했고, 일기는 나중에 읽어 볼수록 나의 무가치성을 깨닫게 했다. 자기다움을 구축하고자 한 첫해에 1년치 되는 일기를 읽으면서 나는 더 이상 일기를 쓸 용기마저도 잃게 되었다. 그럼에도 불구하고 '자기다움'에 대한 호기심을 놓치지 않았던 이유는 나 자신이 너무나 궁금했기 때문이다.

나의 부모님은 일곱 살 때 이혼을 했다. 대부분의 결손가정에서 겪는 어려움이 나에게도 있었다. 심리학은 사람의 정체성이 어렸을 때 부모와의 관계를 통해서 결정된다고 말한다. 이것이 사실이라면 나의 아이덴티티, 즉 자기다움은 미성숙이 아니라 생성되지도 않은 셈이다. 돌이켜 볼 때, 내가 자기다움에 대해서 관심을 가지게 된 이유도 이런 트라우마 때문일 것이다.

자기다움을 찾기 위한 새벽 출근이 3년이 지나던 어느 날, 나는 어제 미뤄 둔 보고서를 쓰면서 오후까지 넘길 브랜드 보고서를 훑어보고 있었다. 그러다가 문득 작성해야 할 브랜드의 플랫폼 항목을 유심히 보게 되었다. 브랜드 플랫폼이란 브랜드를 이루는 모든 부분을 기록하는 보고서다. 상징 컬러, 메시지, 가격, 느낌, 고객의 연령층 등 약 200개의 내용을 기입하는 용지였다. 나는 그 브랜드 플랫폼에 나 자신을 대입해 보았다.

하지만 체크리스트의 1/5도 채우지 못했다. 나는 일반 브랜드보다 못한 인간이 나라는 것을 그때 깨달았다. 그렇게 고민하다가 '자기다움'은 아니지만 예전에 상상만 하던 것을 하고자 퇴사를 했다. 퇴사 후 브랜드와 관련된 일은 하지 않고 어느 작

자기다움을 구축하는 것은 '쌓아 가는 것'도 있지만,
그 시작은 자신이 숨기고 싶고 애써 기억하고 싶지 않은 부분을
'직면하는 것'에서 출발할 수도 있다.

은 출판사에서 문화 기획 책임자와 월간지 편집장을 했다. 거기서 나는 6년 동안 새벽에 고민하던 내용을 가지고 '자기다움'에 관한 도전으로 책을 쓰기 시작했다. 퇴사한 지 2년이 지난 33세에 나는 자기 임상실험 보고서에 가까운 소설인《새벽 나라에 사는 거인》을 출간했다.

작가가 되려고 책을 낸 것은 아니다. 혼자 있는 시간이 많았던 나는 어렸을 때부터 소설을 많이 읽었다. 유일한 도피처였다. 그러다 보니 언젠가는 나도 소설가가 되고 싶다는 생각을 했다. 소설가가 되기 위해서 영문학을 지원했고, 원고지에 펜 글씨로 소설을 써서 두 번이나 신춘문예에 보내기도 했다. 하지만 내가 나중에 알게 된 사실은, 소설은 좋아하지만 잘 쓰지는 못한다는 것이다. 소설을 쓰고 싶지만 못 쓴다는 것은 내게 큰 상처였지만 뛰어넘고 싶은 벽이기도 했다. 그래서 나는《새벽 나라에 사는 거인》을 썼다. 도대체 나는 누구일까, 어떤 사람이어야만 하는 것일까, 라는 막연한 문제의식을 느끼고 나중에 받을 창피함을 무릅쓰고 지인의 도움으로 책을 출간했다.

하지만 그것을 통해서 알게 된 것은 '글'을 쓸 때 나의 자기다움을 온몸으로 느꼈다는 점이다. 비록 소설은 아니지만 그 후 나는 브랜드와 관련된 책과 잡지를 발행하고 편집하는 사람이 되었다.

개인적인 부분까지 들춰내면서까지 '자기다움'을 이야기한 이유는 단 하나다. 자기다움을 구축하는 것은 '쌓아 가는 것'도 있지만, 그 시작은 자신이 숨기고 싶고 애써 기억하고 싶지 않은 부분을 '직면하는 것'에서 출발할 수도 있다. 예전에 누군가가 나의 가장 자기다운 모습은 '혼자 있을 때'라고 말한 것을 기억한다. 나는 이 말에 100% 공감한다. 그래서 새벽에 나는 혼자 있었다. 혼자 있으면서 간절히 갈망하는 것이 무엇인지를 나에게 계속해서 물었다.

Feedback

피드백(feedback)의 어원은 미 공군이 사용하던 전술 용어다. 적의 진지에 폭탄을 투하하기 위해서는 관제탑에서 폭격기 조종사에게 정확한 공격 루트를 정해 주어야 하는데, 이때 교정 및 조정에 해당하는 단어가 피드백이다. 지금은 사전적 정의로 '어떤 행위의 결과가 최초의 목적에 맞는 것인가를 확인하고 그 정보를 행위의 원천이 되는 것에 되돌려 보내어 적절한 상태가 되도록 수정을 가하는 일'로 사용된다.

나는 여기까지 쓴 원고를 편집팀에게 보여 주면서 피드백을 달라고 했다. 과연 그 다음 장에는 어떤 글이 나올 것 같은가에 관한 피드백이다. 그중에 편집팀장들의 피드백이 이렇게 왔다.

A. 피드백
첫 도입 부분이 조금 약한 것 같습니다.
'다른 사람의 꿈에서 깨어나다'라는 느낌이 오는 제목과는 달리 내용이 너무 일상에서 시작되는 듯합니다.
즉 내용에서 추상적인 개념이나 예를 들면 어떨까요?
"사람들은 꿈을 꾼다. 그 꿈이 자신이 진정 원하는 것인지, 타인에 의해 조작된 것인지 모른 채 말이다. 그러나 누구나 꿈을 꾼다는 것은 확실하다. 꿈은 자신이 의식하지 못하는 무의식에 해당하며, 사실 가장 은밀한 자신의 내적 심리를 반영한다." 이런 식으로요. 이후에 실제 사례가 들어가도 좋을 것 같습니다.

이런 피드백은 진짜 하고 싶은 말을 감추고 정중한 예의를 갖추어 매우 완곡한 표현으로 쓴 글이다. 다른 사람에게 피드백을 해 보지 않은 사람들은 이렇게 쓰는 피드백이 얼마나 어려운 것인지 이해하지 못 한다. 이 피드백을 한 줄로 쓴다면 '재미

없어요'다. 그럼 두 번째 피드백을 살펴보자.

B. 피드백

일단, 저는 지금까지 나온 자기계발 서적 중에서 자신을 발견하고, 무엇을 잘하는지 알아 가고, 강점을 발견하는 책들과의 차별점이라는 관점에서 이 원고를 보았습니다. 이런 책들을 자주 접해 본 저의 개인적인 생각은, 이런 책들을 읽는 독자는 딱 두 가지로 분류되는 것 같습니다.

첫째, 정말 자기 자신을 알고 싶은 사람,

둘째, 자기 자신에 대해 잘 알고 있고, 더 명확하고 분명하게 알고 싶은 사람.

그런데 끝까지 책을 읽는 사람들은 대부분 두 번째 사람들인 것 같습니다. 휴먼브랜딩 워크숍을 진행하면서 느낀 점은 다음과 같습니다.

대부분 자기 자신이 무엇을 잘하는지, 나만의 오리지널을 발견해야 한다는 당위성은 알고 있는 듯합니다. 그런데 '어떻게' 발견해야 하는지를 궁금해 한다는 것입니다.

많은 자기계발서가 사회가 요구하는 것이 아닌 네가 무엇을 잘하는지 찾아라, 네가 행복해하는 것을 찾아라 등의 메시지를 주고 있다는 점에서 '자기다움'을 이전의 책과 비교해서 어떻게 낯설게 접근시킬 것인지가 관건이 아닐까 싶습니다.

그런 의미에서 저는 이번에 기획하신 이 책이 '자기다움'을 알아야 한다는 당위성을 설득하기보다는

1. 자기다움에 대한 낯선 접근,

2. 자기다움을 '어떻게' 알아야 하고, 그리고 단순히 자기계발적인 측면에서 내가 무엇을 잘하는지 아는 것이 아닌 브랜드적인 관점에서 '자기다움'을 제대로 알았을 때 이것이 삶의 영역은 물론, 일터의 영역에서도 어떻게 큰 영향력을 미치는지에 관한 구체적인 실례들이 나와야 하지 않을까 하는 생각을 했습니다.

제가 적어 놓고도 조금 관념적인 이야기 같은데요. 독자들의 아주 1차원적인 질문들을 적어보면 다음과 같습니다.

Q1. 많은 자기계발서에서 말하는 '나를 발견하는 것'과 '자기다움'은 어떻게 다른가?

Q2. 정말로 나를 발견하고 싶은데, 자기다움은 대체 어떻게 찾아야 하는가?

Q3. 자기다움을 발견했다 치더라도 그것을 어떻게 확신할 수 있는가?

Q4. 자기다움을 발견하지 못하게 하는 것은 무엇인가?

Q5. 자기다움을 발견하면 인생에서 구체적으로 무엇이 어떻게 달라지는가?

Q6. 자기다움으로 살다 간 사람들의 실제 예를 들어 달라.

Q7. 당장 먹고살기 바쁜데, 자기다움을 발견해서 지금 어떻게 하란 말인가? 단지 이상일 뿐이지 않은가?

Q8. 자기다움을 발견하기 위해서는 얼마만큼의 시간이 필요한가? 당장 발견할 수 있는가?

Q9. 자기다움으로 사는 것과 내 멋대로 사는 것은 어떻게 다른가?

어쨌든 저의 생각은 '낯선 접근'이어야 한다는 겁니다.

자기계발서에서 말하는 것, 그러한 책들을 이미 읽고 알아 온 사람들에게 '자기다움'이 굉장히 낯설고, 그래서 더 궁금해지고 호기심이 생기는 것이어야 할 것 같습니다.

매우 자세하고 친절한 피드백이지만, 한 단어로 요약한다면 '식상해요'다. 9개의 질문은 '자기다움 세미나'에서 항상 나오던 항목들이다. 이 질문들에 대해서는 다음 장들에서 대답하도록 하겠다. 이 원고의 1/3을 보여주고 이런 피드백을 받아서 원고에 집어넣는 이유는 평가와 피드백이 자기다움의 시작이라는 것을 말하고 싶기 때문이다. 귀가 얇다는 것과 피드백을 받아서 행동을 교정하는 것은, 움직이는 모습은 같겠지만 그 중심은 다르다. 칭찬이 아닌 피드백을 원하는 것은 '고치려는 자세'가 되어 있다는 뜻이기 때문이다.

조태현 혹은 권민이라는 이름으로 쓴 단행본을 살펴보면 일관성이 없어 보이는 다양한 책들을 보게 된다. 행사기획에 관련된 책 4권, 만화 산문집 2권, 리더십에 관한 책 4권, 마케팅 소설책 3권, 마케팅에 관한 책 5권, 브랜드 관련 책 2권 등 특정한 주제 없이 산만하다. 하지만 이렇게 책을 출간한 이유도 바로 '자기다움' 때문이다. 내가 일하는 분야에서 책 한 권을 쓸 정도로 완성도 있게 일한다는 것이 일에 관한 나의 신념이다.

그래서 어떤 곳에서 일하든지 그 분야에서 한 권 이상의 책은 반드시 쓰려고 했다. 일단 책을 써서 출판사에 가면 출판사가 그 원고를 보고 평가한다. 대개 직원들에게 받는 피드백보다 더 냉정하고 혹독하다. 퇴짜를 당하면 다시 쓰고, 또 퇴짜 맞고 다시 쓴다. 그렇게 피드백 받아서 출판 승낙을 받은 책은 출판되자마자 또다시 독자로부터 혹독한 평가를 받는다. 하지만 이것이 끝이 아니다. 그 책들은 수년이 지난 후 나에게 다시 평가를 받는다. 지나침을 알아야만 적당함을 알 수 있고, 부족함을 알아야만 충분함을 알 수 있다. 따라서 '자기다움'을 알기 위해서는 부족함과 지나침을 모두 경험해야 한다. 나는 이런 피드백을 통해서 항상 나의 자기다움의 수위를 조절해 왔다.

학교에 다닐 때는 성적표가 나의 수준을 알려 준다. 기업에서는 연봉과 진급이라는 성적표가 있다. 이것은 절대평가처럼 보이는 타인의 상대평가다. 그렇다면 자기다움을 구축하기 위한 진정한 평가는 누가 해야 할까? 바로 자신이다. 책은 나에 대한 나의 평가이다. 내가 진짜인지 가짜인지를 확인할 수 있는 평가 지표다. 그 과정에서 나오는 피드백은 나의 얼굴을 볼 수 있는 거울이다.

이것만이 내 세상

내가 창조한 세상은 어떤 사람들이 살고 싶어 할까? 나의 세상에서 나는 황제일까? 아니면 문지기일까? 내 세상의 가치는 어떤 것으로 이루어졌을까? 천국 같은 세상을 만들겠다는 어떤 사람의 세상을 들여다보면 실제로는 지옥인 경우도 있다. 만약에 자신만의 세상을 만들고 싶다는 사람을 만나면, 그곳이 어떤 세상인지 이 질문 하나로 충분히 알 수 있다. "당신의 세상을 움직이는 (헌)법은 무엇인가요?" 법이라는 단어 때문에 부담스러워 한다면 '가치'라고 말해도 좋다.

자기다움을 구축하는 것은 자신의 세상을 넓히는 것이 아니다. 기업이 시장 점유율을 높이는 것처럼 자신의 권력을 넓히는 것도 아니다. 이 국가의 구성 요소인 영토는 공간이 아닌 바로 자신의 시간이다. 자기다움이 과거, 현재 그리고 미래의 시간을 움직일 수 있을까?

최근에 나는 프랑스의 패션 디자이너인 장 샤를 드 까스텔바작(Jean-Charles de Castelbajac)의 과거, 현재 그리고 미래의 세계를 인터뷰한 적이 있었다. 나는 인터뷰를 통해서 까스텔바작의 '자기다움'을 찾고, 그것을 컨셉으로 만들어 브랜드를 런칭하는 일을 해야 했다. 아래의 글은 《유니타스브랜드》에 기재한 내용을 편집한 것이다.

만약 까스텔바작이 궁금해서 구글로 이미지 검색을 하면 41년 동안 해온 그의 여러 가지 작품들이 쏟아져 나올 것이다. 나도 구글에서 나온 자료를 보면서 그의 자기다움이 무엇인지를 정리했다.

나는 구글의 이미지 검색을 통해서 세상에 흩어져 있는 그의 작품을 찬찬히 둘러보았다. 까스텔바작의 화학식은 'F'라는 단어로 정렬되고 있었다. 그는 패션(Fashion)을 기반으로 '환상적인' 혹은 '몽환적인(Fantasy)' 이미지를 만들고 있었다. 판타지(Fantasy)를 구성하는 방법은 다름 아닌 융합(Flux)이었다. 그는 감성(Feeling)과 재미(Fun)를 섞어, 미래(Future)적인 이미지로 판타지를 만들고 있었던 것이다. 더 재미있는 것은 이런 형태의 융합을 그가 이미 1969년부터 해왔다는 점이다. 그의 이러한 실험 정신으로 탄생한 첫 작품은 놀랍게도 '담요로 만든 옷'이었다.

F로 정렬되는 그의 화학식을 따라가다 보니, 그의 정체성이 'FEGO'로 정리되기 시작했다. FEGO는 장난감 브랜드인 LEGO에서 가지고 왔다. LEGO의 창업자인 올레 키르크 크리스티얀센(Ole Kirk Christiansen)이 덴마크어로 '잘 논다(Leg 와 Godt)'를 뜻하는 단어들을 조합하여 LEGO를 만들었다고 한다. 실제로 까스텔바작은 레고를 가

He is ··· FEGO

F Fashion 패션
E Energy 에너지를
G Generative 생산하는
O Organizer 창시자(조정자)

지고 옷을 만들거나 자신의 얼굴과 심벌을 레고로 만들었으며, 레고의 디자인을 차용해 레고 안경과 레고 시계도 만들었다. 그래서일까. 페고의 관점으로 다시 까스텔바작의 작품 세계를 보면, 레고처럼 기억, 상징, 의미, 트렌드들의 조각들이 마치 퍼즐을 맞추듯 하나하나 맞춰지면서 새로운 무엇인가를 만들어 내는 듯했다.

까스텔바작의 최근 작품을 보면 이해하지 못하는 수준을 넘어 난해하기까지 하다. 조화보다는 파괴, 원형보다는 기형 그리고 전일성보다는 특이성에 가깝기 때문이다. 그야말로 이해할 수 없어서 느낄 수 없는 것들이 더 많다. 하지만 신기한 것은 그가 만들었던 30년 전 옷을 보면서 난해함이 아닌 놀라움을 발견했다는데 있다. 거기에는 두 가지 이유가 있는데, 첫째는 30년 전에 만들었음에도 불구하고 현재에도 그 옷을 입기에 충분할 뿐만 아니라 아름답기까지 하기 때문이다. 둘째는 지금 패션계에서 이슈가 되고 있는 혁신적인 컨셉들이 이미 수십 년 전에 그가 해온 임상실험에서 나왔다는 점이다. 그에게는 어떤 미학의 코드가 있는 것일까? 대체 어떤 관점으로 디자인을 하기에 현재에 미래의 옷을 만들 수 있었을까?

이것을 알기 위해서는 제대로 된 질문밖에 없을 것이다. 질문은 간단했다. '당신은 누구인가?' 그리고 '무엇이 되려고 하는가?'이다. 그래서 그를 만나자마자 첫 질문으로 이것을 물었다. 그런데 그는 마치 부메랑처럼 그 질문을 나에게 도로 던져 버렸다. "그럼 당신은 나를 누구라고 생각하는가?" 혹은 "내가 무엇인 것 같은가?" "그리고 추가하자면 내가 무엇을 하고 있는 것 같은가?"

그는 누구일까? 지금까지 살펴본 화학식과 컨셉들로 미루어 그를 정의해 본다면 Fashion Cre(ative)Editor임에는 틀림없다. 왜냐하면 그가 창조적인 에너지를 이용해 자신이 하지 않은 창조물을 편집해서 재창조한다는 것은 명백한 사실이기 때문이다. 또한 편집된 것을 다시 창조해서 새로운 편집물까지 만든다. 전에 없던 것을 만드는 창조자보다는 원형과 기원을 융합시켜 새롭게 만들기 때문에 Cre-Editor라고 할 수 있다. 그는 이 대답이 지금까지 들어 본 것 중 가장 까스텔바작다운 답변이었다고 말해 주었다.

권민: 어떤 시작이든지 처음에는 항상 운명과 우연이 동시에 섞여 있다고 생각합니다. 대부분의 일은 처음부터 운명적으로 시작하지는 않고, 아주 우연히 시작되죠. 하지만 당신이 패션을 시작

해서 40여 년 동안 변함없이 이 길을 걸어왔다면 분명 운명이라고 말할 수 있을 겁니다. 잠깐 40년을 돌이켜 보고 여기까지의 운명적인 상황을 설명해 주실 수 있을까요?

까스텔바작: 지금 돌이켜 보면, 저의 인생은 때마다 당시에는 알 수 없는 무엇인가의 큰 힘으로 조각들이 만들어지면서 지금은 그 조각들이 하나로 완성되고 있는 것 같습니다. 제가 제일 좋아하는 단어 중의 하나가 '공시성'입니다. 저에게는 공시성이라 할 수 있는 일들이 자주 일어났어요. 당시에는 이런 현상에 대해 알 수 없었기 때문에 해석조차 할 수 없었죠.

지금의 저에 대해서, 그리고 무엇보다 앞으로 한국에서 제가 해야 할 일들을 말하기 위해서는 먼저 저의 기원에 대해 말해야 할 것 같습니다. 저의 집안은 829년의 나바라 왕국(Kingdom of Navarra)까지 거슬러 올라가는 아주 오래된 가문입니다. 1300년 필립 르 벨(Philippe Le Bel) 왕 때 피에르 드 까스텔바작(Pierre de Castelbajac)이라는 귀족 작위를 받게 되었죠. 조상 대대로 저희 집안은 군인 집안이었습니다. 저 또한 여섯 살 때부터 할아버지가 다니시던 군인 예비 사관학교에서 기숙사 생활을 했죠. 그런데 그곳은 불합리하고 체벌이 아주 심한 학교였어요. 제 상상력의 기원은 암울했던 이때부터 시작된 것 같습니다. 저는 매일 밤마다 아마존의 정복자가 되거나, 동화 속의 주인공이 되거나, 아니면 기숙사가 아닌 아버지와 함께 생활하는 상상을 하곤 했습니다. 하지만 상상을 통해 현실 도피를 한 것은 힘든 학교 생활 때문만은 아니었습니다. 그즈음 저희 가문은 몰락했어요. 할아버지는 무려 세 채나 되는 성(城)을 소유하고 있었고, 어디를 갈 때면 전용 열차를 타고 갈 정도로 엄청난 부자였지요. 아버지도 12대 후작이자 26대 남작인, 그러니까 귀족으로 사회적 지위가 높았습니다. 또한 최고의 방직 기술자로, 당시 아버지와 함께 일한 분이 바로 크리스챤 디올의 창업주인 마르셀 부삭(Marcel Boussac)이에요. 그런데 할아버지가 그만 경마에 모든 재산을 탕진해 버렸어요. 아버지가 32세가 되던 해에 가문은 완전히 몰락해서 결국 아버지는 모로코로 건너가 궁정에서 피아노를 치는 것으로 생계를 이어 갔습니다. 그래서 저는 언젠가 제가 가문을 다시 일으켜야 한다는 강한 소명이 있었습니다. 생각해 보면, 이 소명이 나를 여기까지 끌고 온 것 같습니다.

제가 열두 살이 되던 해 오라토리오 수도회에서 운영하는 학교로 옮겨 갔지만, 이곳은 전의 기숙사보다 훨씬 더 좋지 않았습니다. 그야말로 최악이었습니다. 결국 17세 때 그 학교에 불을 지르고 퇴학을 당했습니다. 당시 저의 어머니는 작은 봉제 공장을 운영하고 있었는데, 학교에서 퇴학을 당한 후 어머니 밑에서 잡일을 했습니다. 그러다 어머니의 제안으로 디자인 스케치를 하게 되었지요.

우습게 들리겠지만, 당시 저는 패션을 통해 저의 불만, 좀 더 정확히 말하면 분노를 보여 주고 싶었습니다. 이제까지의 제 삶과 생각뿐만 아니라 억압 받았던 기존의 관념에서 벗어나려는 혁명을 패션을 통해 외치고 싶었던 거죠. 패션은 저에게 있어 분노의 승화였던 겁니다. 가문의 몰락과 기숙사의 억압적 생활이 분명 저에게는 아픔이지만, 이것은 저에게 '올바르게' 분노할 에너지원이 되어 준 셈입니다.

권민 : 어떤 식의 분노를 패션에서 보여 주었나요?

까스텔바작 : 그때 저는 디자이너거나 예술가는 아니었습니다. 반(反)문명, 반(反)전통을 추구하는 기괴한 다다이즘(dadaism)에 빠진 몽상가였다고 생각합니다. 군복의 카키색에서 영감을 얻기도 했고, 채소 장수들이 쓰는 플라스틱 풀과 체리로 옷을 만들기도 했어요. 그런가 하면 감자를 담는 부대나 의료용 실로도 옷

을 만들었어요. 당시 프랑스 유행은 너무 여성적이었을 뿐만 아니라 상류 계층을 위한 스타일을 추구했어요. 저는 그런 트렌드에 대해 사람들의 분노를 표현할 수 있는 옷을 만들고 싶었습니다. 옷이 꼭 예쁠 필요는 없다고 생각했거든요. 그런 의미에서 패션은 저의 전투였습니다. 1967년에는 지금과 같은 패션쇼가 없었죠. 그러니까 패션이 산업은 아니었어요. 주로 양장점에서 만들어 내는 맞춤복이 패션을 리딩하고 있었습니다.

그러한 환경에서 저는 파리 프레타 포르테 살롱에 참여해 대형 기업들을 비집고 들어가서 저의 옷을 보여 주기 시작했습니다. 살롱에 참여한 지 3일째 되는 날, 주변 기업들에서 저의 부스를 영업 방해로 신고했습니다. 왜냐하면 저의 부스에 사람들이 아주 많이 왔기 때문이죠. 어머니는 살롱에서 이룬 저의 작은 성공을 보고 디자인 회사를 차려 보는 것이 어떻겠냐고 권유했습니다. 그래서 어머니가 운영하는 회사의 이름을 KO & CO로 바꾸고 지인이던 샹탈 토마스(Chantal Tomass)와 다카다 겐조(Takada Kenzo)와 함께 컬렉션 작업을 했습니다. 그 결과는 폭발적이었죠. 그때 저는 18세밖에 안 된 청년이었어요. 그럼에도 10개나 되는 큰 기업들이 저에게 함께 일하자고 제안했을 정도였죠. 기라로쉬(Guy Laroche)에서는 오트쿠튀르 제안도 왔지만 저는 이 모든 것을 거절했습니다.

그때 파리는 이른바 여성해방운동이 막 시작되는 태동기였어요. 당시 저는 제 안에 있는 분노의 혁명과 사회의 해방이 매우 유기적으로 연결되면서, 질 들뢰즈(Gilles Deleuze) 철학에 푹 빠져 있었죠. 그러다 20대 초반에 저의 철학이 구축되기 시작했어요. 그러니까 저의 세계관이 만들어진 거예요. 저는 이 철학을 제 패션에 주입하기 시작했습니다. 예전에는 반항적인 차원에서 패션을 이용했지만, 이러한 철학이 만들어지면서부터는 새로운 장르와 이미지라는 세련된 형태의 메시지를 통해 저의 분노를 표현하기 시작했죠. 그때부터는 분노가 단순히 화가 난 감정이 아닌, 생각의 형태 혹은 다른 방향을 지칭하는 용어가 되었어요.

'프로파간다(propaganda)'의 뜻은 정치적으로 선전 혹은 선동하다라는 뜻으로, 대중적이며 특별한 사상과 개념을 전파할 목적으로 하는 음악, 문화 그리고 예술가를 말한다. 그런 의미에서 빅토리아 앨버트 미술관은 까스텔바작이 누구인지를 정확히 정의한 것 같다. 그에 대해서 좀 더 자세히 알기 위해 1970년부터 2000년대까지 그와 함께했던 두 명의 사람에게 까스텔바작에 관한 이야기를 들어보았다. 이것이 앞에서 말한

까스텔바작의 피드백이다. 먼저 말콤 맥라렌은 이렇게 말한다.

"나는 20년 이상 장 샤를르를 알고 지냈다. 나는 위스키를 마시고, 그는 와인을 마셨다. 나는 반항아처럼 옷을 입었고, 그는 퍼펙토(Perfecto) 재킷을 입었다. 그에게는 빨간 할리 모터사이클이 있었는데 그는 그걸 타고 몽마르트 거리를 오르내렸다. 그는 밤이면 핀볼 게임을 하곤 했는데, 나는 잘하지 못했지만, 그는 매우 잘했다. 나는 친구인 비비안 웨스트우드와 무대 의상 작업을 했고, 섹스 피스톨즈를 결성했다. 그는 패션 디자이너가 되었다. 나는 검은색의 바스크 베레모를 쓰고 가죽옷을 입었다. 그는 군복 같은 걸 입었다. 우리는 테크노(Techno)와 록(Rock), 그리고 낭만주의와 상황주의자들에 관해 이야기하곤 했다. 나는 섹스 피스톨즈의 무대 의상을 만들기 위해 가죽과 고무를 사용했다. 그는 그의 의상에 담요를 사용했다. 나중에 나는 파리로 이사했고, 에스닉(ethnic) 음악을 좋아했다. 그는 결혼을 했고, 18세기 음악을 좋아했다. 나는 격자무늬 슈트를 입었고, 그는 매우 클래식(Classic)한 옷을 좋아했다. 나는 무정부주의자였고, 그는 왕정주의자였다. 나는 힙합(Hip-Hop)을 좋아했고, 그는 록시(Roxy)의 음악을 좋아했다. 그는 뉴에이지(New Age) 음악을 들었고, 그의 디자인은 팝(POP) 문화에 기반을 두고 있었다. 나는 유럽을 좋아했고, 그는 미국을 좋아했다. 나는 고전주의를 좋아했고, 그는 현대 미술을 좋아했다. 나는 오페라를 좋아했고, 그는 블루스를 좋아했다. 나는 나비 부인을 재해석했고, 그는 미키 마우스를 재창조했다. 나는 영적인 것을 좋아했고, 그는 천사를 좋아했다. 나는 알레이스터 크로울리(Aleister Crowley)의 반지를 끼고 있었고, 그는 자기 가문 문장이 새겨진 반지를 끼고 있었다. 지금 나는 런던에 살고, 그는 파리에 산다. 나는 토종 스코틀랜드 사람이고, 그는 뼛속까지 프랑스인이다. 그는 나의 가장 오래된 절친한 벗이고, 나 또한 그의 가까운 친구다."

그의 친구 이야기만으로 그가 무엇을 좋아하는지, 잘하는지를 알 수 있다. 이것 안에서도 '자기다움'을 충분히 볼 수 있다. 그뿐만 아니라 그의 세계가 어떤지도 알 수 있다. 이번에는 프랑스의 언론인 장 프랑수아 비조(Jean-Francois Bizot)에게 까스텔바작에 대해 들어 보자.

"그에게는 할리데이비슨의 모터사이클이 한 대 있었는데, 라이더 재킷을 입은 모습이 무척 터프했다. 사람들은 그를 보고 이렇게 말하곤 했다. "저것 봐, 로큰롤 귀공자께서 납시셨군." 그의 모습은 좀 이상했다. 그때 그는 재미 삼아 패션 쪽의 일을 막 시작할 때였고, 자신을 할리 모터사이클을 사기 위해 창을 팔아먹은 반항적인 중세 기사쯤으로 여기고 있었다. 그는 리슐리외 거리(rue de Richelieu) 30번가의 Pierre d'Alby's에서 무척 즐거워하며 패션 일을 하고 있었다. 그때 나는 우편으로 발송되는 잡지를 만들면서, 언론사의 각 부서는 어떤 일을 하는지부터 나중에는 어떻게 언론사를 꾸려가야 하는지까지 차근차근 배우는 중이었다. 우리는 1972년 그곳에서 만났다. 나는 그때 막 일을 시작했고 그도 마찬가지였다. 그와 마찬가지로 나는 펑크(punk)에 매료되어 있었다. 모든 사람들이 그렇듯 그도 자신만의 고민거리가 있었다. 장 샤를르는 그의 이국적인 2인용 판초로 유명했는데, 밤이면 티셔츠와 옷들을 갈가리 찢었다."

이제 까스텔바작에 관한 두 가지의 의문이 모두 해결되었다. 그는 누구이며 무엇이 되려는지도 알았고, 왜 파리의 골목과 벽마다 낙서를 그렸는지도 알게 되었다. 그의 정체성을 브랜드 관점으로 정리해 본다면 한마디로 '새로운 이미지를 만드는 사람'이라 할 수 있다. 그는 인터뷰 중 "자신의 옷에 비트 있는 메시지를 유머로 담아 사람들에게 직설적으로 들려주고 싶다"고 말했다.

지금까지 까스텔바작의 과거를 돌아보며 현재의 그를 알았다면, 이제 그것보다 더 궁금한 점이 세 가지 더 생겼다. 첫째는 새로운 이미지를 만드는 작업을 40년 동안 했다면 일련의 패턴이 있을 것이다. 과연 지금까지의 그의 창조적인 이미지 생산을 법칙으로 만들 수 있을까? 둘째는 다른 사람이 그것을 응용할 수 있을까? 셋째는 지금도 왕성한 창조력을 가진 그의 미래는 어떤 모습일까?(이제 그 스스로가 미래의 모습을 예측할 수 있지 않을까?) 아쉽게도 이런 질문을 하지 못했다. 인터뷰가 끝날 무렵, 아주 재미있는 질문과 대답이 오고 갔다. 질문의 강도를 높여서 비논리적이며 창의적인 질문도 해보았다.

권민: 당신이 지금까지 보여준 디자인의 본질적 가치는 기존 시장 질서의 창조적 파괴와 기존의 이미지를 다시 융합하여 만드는 창조적 결합이라고 할 수 있습니까?

까스텔바작: 본질을 말한다면 창조적 파괴와 결합은 '수단'에 불과합니다. 저는 인문학적 가치를 패션의 수많은 창작품에서 보여

주고 싶을 뿐입니다. 제가 생각하는 인문학적 가치는 '인간' 그 자체입니다. 제 어린 시절의 작품은 기존 질서와 말도 안 되는 억압에 대한 항거였다면, 지금은 젊은이들에게 비전과 방향을 제시하고 싶습니다. 제가 많은 예술가와 브랜드들과 협업을 하는 이유는 창조적 파괴와 결합이라기보다는 오히려 두 개의 이미지가 서로 충돌하여 나타나는 '새로운' 에너지를 만들어 내기 위해서입니다. 새로운 것이 그저 새로운 것은 그 이상도 이하도 아닙니다. 그냥 처음 본 것에 불과하죠. 만약 새로운 것이 미래의 것이라면 그것도 단지 미래의 것이겠죠. 제가 말하는 새로운 것이란 미래와 현재 그리고 과거가 공존하면서 서로 존중하고, 변하지 않는 가치를 보존하는 것입니다. 저는 그런 새로움을 만들고 싶습니다. 이제는 쇼보다는 과거를 존중하고 현재를 이해하고 미래를 만들어 가는 그런 브랜드를 만들어서 여러 사람과 공유하고 싶습니다.

권민: 당혹스러울 수도 있겠지만, '당신은 무엇인가?'라는 질문을 하고 싶습니다.

까스텔바작: 저는 번개 같습니다. 고스트 바스터(Ghost buster) 같기도 하고, 트러블 메이커라고도 할 수 있습니다. 사람들은

저를 보고 아름다운 패배자라고 불렀지만, 저는 저에 대한 정의로 '모호함'이라는 단어를 가장 좋아합니다.

프랑스의 명품 브랜드들은 천재적인 디자이너 혹은 천재적인 가능성이 있는 디자이너가 발굴되면 그를 매체에 노출하고 연예인들과 만남을 주선하면서 소위 미디어 스타로 만든다. 그리고 그들의 트렌디한 이미지를 자신의 브랜드에 접목해 이른바 '우성' 결합을 한다. 아무래도 대중들은 브랜드와 신상품보다는 특별한 사람에 더 관심이 많아서 명품 브랜드들은 천재라고 불리는 디자이너들의 작품성보다는 미디어 친화력이라고 불리는 그들의 캐릭터가 가지고 있는 상품성을 더 중요시한다. 브랜드의 노출은 한계가 있지만, 사람의 노출은 언제나 가십과 이야기를 만들기 때문에 그것을 이용하여 디자이너를 트렌드 메이커로 사용하는 것이다.

해외 명품 브랜드일수록 작품성보다는 상품성, 상품성보다는 유행성을 더 중요하게 여긴다. 원래 명품 브랜드들은 속칭 값싼 것 10개 사느니 제대로(?) 된 것 하나 사서 오래 소장하라는 합리적인 제안을 하는 것처럼 보이지만, 실상은 정반대다. 또 명품일수록 소비자들에게 선보이는 상품의 수량을 조절하면서 자신의 브랜드 가치를 유지해야 하는데 이것도 원칙만 그렇지 실상은 다르다. 원칙적으로 명품은 트렌드에 대항하는 것이지만, 오히려 가장 잘 받아들이거나 심지어 주도하는 세력들이 바로 명품 브랜드들이다.

이런 명품 브랜드들에게 자신만의 독특한 세계관을 가지고 세상에 없었던 이미지를 만들어 내려는 까스텔바작은 탐탁지 않은 인물이다. 브랜드는 천재성이 있는 디자이너를 다룰 수 있을지는 몰라도 진짜 천재는 다룰 수 없다. 우리가 알고 있는 수많은 천재가 세상을 떠난 후에야 세상에서 그 진가를 인정받는 이유가 바로 이 때문이다. 천재들은 다음 세상을 알았지만, 우리들은 다음 세상을 알지 못하기 때문이다. 다행히도 까스텔바작의 작품 활동은 무려 40여 년이나 지속되고 있다. 그가 천재임을 확인하기 위해서는 그의 1970년대 작품을 보면 알 수 있다고 위에서 언급했다. 지금은 너무나 친숙해 보이는 이미지이지만 40년 전에는 매우 기이한 패션이었다.

권민: 이 브랜드는 당신에게 어떤 의미가 있습니까?

까스텔바작: 저는 이 브랜드가 젊은이를 위한 대중 럭셔리의 민

주주의라고 생각합니다. 비싸야만 럭셔리가 아닙니다. 럭셔리는 말 그대로 '빛나야' 합니다. 가격이 가치를 결정하는 게 아니거든요. 저는 이 브랜드의 컨셉을 'The house of Brave'라고 정했습니다. 저는 이 브랜드를 통해 젊은이들에게 저의 과거를 이야기하면서 용기를 주고 싶습니다. 저도 17살에 퇴학을 당한 그렇고 그런 젊은이에 불과했지만, 나의 가치를 믿었더니 오늘날 여기까지 와서 이렇게 인터뷰를 하고 있지 않습니까? 저는 혁명적인 브랜드를 만들고 싶습니다. 하지만 여기서 말하는 혁명이란 이런 뜻입니다. 지금까지는 제가 스스로 자처해 아방가르드한 상품을 만들었지만, 지금은 기업가 정신을 가진 디자이너가 되었습니다. 그런 의미에서 시장을 주도하는 혁신적인, 그러니까 혁명적인 일을 하고 싶습니다. 거듭 말하지만, 예전에는 저의 목소리를 냈습니다. 하지만 이제는 젊은이들에게 용기를 주어 우리들의 목소리를 만들고 싶습니다. 이 모든 것이 로마교황청의 주문을 받아 만든 그 옷들에서 비롯된 것입니다. 저는 지금 세상을 보다 아름답고 따뜻하게 만들고 싶다는 생각으로 이 브랜드를 만들고 있습니다. 여기에 제 아들을 보면서 이 브랜드를 만들고 있습니다. 단지 팔릴 물건을 만드는 것이 아니라 내가 가장 사랑하는 아들을 보면서 그를 위한 옷을 만들 때 그 옷의 진정성을 담을 수 있다고 생각합니다. 마찬가지로 제가 제 아들인 루이 마리를 보면서 이 브랜드를 만들 때 이것은 이 시대의 젊은이들에게 내가 남길 수 있는 최고의 유산이 될 거라고 생각합니다. 브랜드는 개인의 상표이기보다는 시대와 국가의 유산이라고 생각하거든요.

권민: 당신은 평범함에서 비범함을 발견하는 능력이 있는 것 같습니다. 이런 능력을 소유한 사람들은 시인이라고 할 수 있습니다. 그런 의미에서 당신은 예술가이면서 시인인가요? 아니면 시인이면서 예술가인가요? 어떤 것이 더 우성인자인가요?

까스텔바작 : 아마도 예술가이면서 시인인 것 같습니다.

권민: 그렇다면 매우 어려운 청을 하나 해도 괜찮을까요? 당신에 관한 것을 주제로 하여 지금 즉흥적으로 시 한 수를 지어 줄 수 있을까요?

까스텔바작 :
Sur mon chemin

En marche vers demain

J'emporte mes souvenirs

En regardant l'avenir

J'emporte mes amis morts

Comme un trésor

La conquête pour donner

Dans ma quête d'aimer

내일로 내딛는

발걸음 그 길 위에

미래를 바라보며

나의 추억들을 품고 간다

보석을 든 것 처럼

나의 죽은 친구들을 품고 간다

내가 사랑을 추구함에 있어

쟁취하는 것은 베풀기 위함임을

까스텔바작은 비어 있는 컵을 잠깐 응시한 후에 컵과 이야기 하는 것처럼 시를 지었다. 시를 지으면서 눈물이 눈에 고였다. 그렇게 즉흥시가 지어진 후에 우리는 아무 말도 하지 못한 채 그저 어색한 침묵만 지킬 뿐이었다. 서로 고개를 끄덕일 뿐 뭐 라고 끝내야 할지 몰랐다. 나는 한동안 그의 세계에 갇혀 빠져 나오지 못했다.

4

자기다워지는 법

내게 없는 가치를 나의 '자기다움'으로 만들기 위해서는 오직 한 가지 방법밖에 없다. 새벽을 보내고 아침부터 현장에서 실행하는 것이다. '자기다움'이 자신의 일터에서 그리고 일상에서 실현될 때 비로소 '자기다움'이 '자기답게' 이루어진다. 이것이 바로 자신의 세계다.

자기다움과 아이덴티티 법칙

캐주얼 브랜드인 랄프 로렌(Ralph Lauren)을 만든 랄프 로렌, 조르지오 아르마니(Giorgio Armani) 브랜드를 만든 조르지오 아르마니, 폴 스미스(Paul Smith)를 만든 폴 스미스, 루이 비통(Louis Vuitton)을 만든 루이 비통, 페라리(Ferrari) 자동차를 만든 엔초 안셀모 페라리(Enzo Anselmo Ferrari) 등. 이렇듯 어떤 사람의 이름은 제품에 붙여져 브랜드화되어 수십에서 수백 년 동안 존재하기도 한다. 이렇게 되기 위해서는 그 이름을 대표할 만한 특별한 '자기다움'이 그 이름을 가진 자에게 있어야 한다. 폴 스미스라는 이름은 영어권에서 가장 흔한 이름인 폴(Paul)과 가장 흔한 성인 스미스(Smith)로 만든 이름이다. 폴 스미스를 만든 폴 스미스가 태어나기 이전에도 다른 폴 스미스가 있었고, 지금도 수많은 폴 스미스가 있다. 그럼에도 폴 스미스가 브랜드가 될 수 있었던 이유는 바로 브랜드 폴 스미스를 만든 폴 스미스의 '자기다움' 때문이다. 앞서 말했듯이 브랜드에서는 이것을 아이덴티티라고 말한다.

백화점에 가서 사람의 이름으로 된 브랜드를 자세히 살펴보면, 자신의 이름으로 브랜드를 만든 사람의 '자기다움'을 찾아볼 수 있다. 이것이 바로 브랜드의 생명이라고 말하는 창업자의 영혼, 바로 '자기다움'이다. 창업자의 이름 대신에 정신만으로 브랜드가 되는 경우도 있다. 지금은 누구나 알고 있는 애플이라는 브랜드다. 이 밖에도 나이키, 스타벅스, 아디다스, 이케아, 할리데이비슨, 라이카와 같은 브랜드들은 창업주의 자기다움을 브랜드의 아이덴티티와 융합하고 보전하면서 지금의 명품 브랜드로 발전시켰다.

대량생산과 대량소비의 정점이었던 1970년대 초반까지는 시장과 사람들은 브랜드를 전혀 인식하지 못했다. 당시의 브랜드는 어느 나라 제품이며, 어떤 대기업이 만들었는가를 알려 주는 '상표'에 불과했다. 그 후 경쟁이 극심해지고 기술이 평준화되면서 눈에 보이는 것만으로는 제품의 차별화가 불가능해졌다. 그러자 몇몇 기업들이 전통, 정통, 트렌드 그리고 문화와 같은 보이지 않는 비본질적인 것을 가지고 브랜드를 구축하기 시작했다. 바로 이때부터 '아이덴티티'라는 개념이 출현하기 시작했다. 소수의 명품 브랜드들만이 이런 아이덴티티를 지켜 가는 것에 대해서 은밀하고 체계적인 마케팅 지식을 축적하고 있었다.

그 뒤를 이어 수많은 브랜드가 출현하면서 시장에서 놀라운 성과를 기록했다. 100년 이상의 역사를 가진 브랜드 또한 명품이라는 자신들만의 성공 패턴을 발견하게 되었다. 경영학계는 이런 브랜드를 연구하여 공통점을 발견하게 되었고, 그 공통점을 이용하여 또 다른 성공 브랜드를 만드는 일종의 브랜드 복제 능력도 갖추게 되었다. 인간의 게놈지도를 완성한 것처럼 성공 브랜드의 게놈지도도 완성한 것이다. 하지만 게놈지도만으로 사람을 창조할 수 없듯이, 브랜드 게놈지도만 가지고는 브랜드를 만들 수 없다.

돈을 시장에 쏟아부어 인지도를 확보하는 방법으로 브랜드를 만들 수는 있으나, 나름의 아이덴티티로 자기다움을 가진 브랜드를 만드는 것은 아직 신비에 가깝다. 그런 신비한 비법 중에 검증된 브랜딩 기술이 있다. 바로 창업자의 '자기다움'으로 브랜드를 만드는 것이다. 앞 장에서 살펴본 까스텔바작과의 인터뷰는 까스텔바작이 까스텔바작이라는 브랜드를 왜 만들어야 했는지를 자세히 설명하고 있다. 그는 단순히 돈을 벌기 위한 브랜드가 아니라 다음 세대를 이롭게 하기 위한 브랜드를 만들려고 했다. 이런 생각 자체가 다른 브랜드와 차별화를 일으킨다.

지금부터 소개할 '자기다움'의 방법은 브랜드를 만드는 창업자들이 먼저 '자기다움'을 구축한 후 그것을 브랜드 아이덴티티로 전이시키는 과정에서 사용되는 프로세스다. 자기다움은 한마디로 자기를 구축하는 것이다. 그것은 단순히 자기를 비우거나 무작정 자기를 발견하는 것이 아니다. 자기다움이 아름다움이고, 아름다움이 자신을 알아 가는 것이라면 이를 위한 지혜가 필요하다. 그렇다면 왜 인간의 자기다움을 알기 위해서 굳이 브랜드의 아이덴티티 전략을 이해해야만 할까?

뉴턴은 만유인력이라는 법칙을 만들고 이런 말을 했다. "내가 세상을 멀리 볼 수 있었던 것은 거인의 어깨에 서 있을 수 있었기 때문이다." 그가 말한 거인은 데카르트의 해석 기하학, 케플러의 행성 운동 그리고 갈릴레이의 관성 법칙이었다. 지구의 중력과 우주의 법칙을 알기 위해 뉴턴에게 필요했던 것은 바로 이처럼 전혀 다른 학문들을 통합하고 이해하는 융합 지식이었다.

만약 사람의 자기다움으로 브랜드의 아이덴티티를 구축할 수 있다면, 브랜드의 아이덴티티를 구축하는 방법을 통해 사람의 자기다움을 구축하는 방법도 이해할 수 있어야 한다. 이것은 실험적인 방법이 아니라 이미 '휴먼 브랜드'라는 또 다른 브랜드 영역에서 실제로 작동되고 있는 브랜드 전략이다.

| **거듭남**

'자기다움'에 관한 세미나를 하고 나면 초고를 읽고 피드백을 준 에디터가 던진 것과 같은 3종 질문 세트가 항상 나온다. 첫째는 도대체 언제까지 자기다움을 구축해야 하는가? 둘째는 자신이 결정한 자기다움이 진짜 자기다움인지 어떻게 아는가? 셋째는 자기다움을 갖지 않으면 실패한 인생인가이다.

아기는 태어나기까지 엄마의 자궁에서 10개월 동안 머물러야 한다. 한국에서 태어난 사람들은 대부분 태어나자마자 '자기다움'이 뭔지도 모른 채 경쟁 모드에 돌입한다. 그런데 갑작스럽게 그런 생활을 멈추고, 자기다움을 위해 다시 태어나야 한다면 과연 얼마만큼의 시간이 필요할까?

자기다움은 성격 테스트처럼 몇 가지 질문에 대답하는 과정을 통해 자신을 발견하는 것이 아니다. 다시 어머니의 자궁으로 들어가야 한다. 다시 태어나야 한다면 최소한 어머니의 자궁에서 보낸 10개월의 시간은 필요하지 않을까? 나의 경우 대략 3년 정도 걸린 것 같다. 물론 잉태 시간이 길다고 해서 자기다움이 명확해지는 것은 아니다. 그렇다고 해서 짧을수록 좋다는 것은 더욱 아니다. 여기서 10개월이란 잉태의 시간을 상징적으로 말하는 것이지만 나의 경험치이기도 하다.

만개한 국화꽃을 빨리 보고 싶어서 누군가가 억지로 꽃봉오리를 벌리면, 꽃은 찢어지거나 시들어 버린다. 알에서 태어나는 모든 생물도 스스로 알을 깨고 나와야만 살 수 있다. 누군가가 밖에서 알을 깨는 것을 도와주면 건강한 성장을 하지 못하고 병약하게 살다가 죽는다고 한다. 자기다움을 구축하는 노력의 수준을 다시 태어나는 수준으로 올려 보자. 일단 자기다움이 구축되고 나면, 자신보다 주변 사람이 이를 먼저 알아본다. 자기다움을 스스로 인정하는 것은 잘난 척이지만, 누군가가 인정하여 이야기해 주는 것은 칭찬이다. 만개한 국화꽃과 알에서 부화한 생명체를 보고 놀라워하는 것처럼, 사람들이 나를 보고 놀라워할 때까지 자기다움에서 먼저 벗어나지 말자.

어떻게 진짜 자기다움인지 아는가에 대해서는 나는 '지금 함께 사는 배우자가 어떻게 진짜 배우자인지 아는가?'로 되묻곤 한다. 어떤 부부는 한눈에 서로가 배우자임을 알았다고 한다. 또 다른 부부는 원하던 조건이 맞아서 부부가 되었다고 한다. 하지만 어떻게 부부가 되었건 간에 어떤 부부는 결혼의 약속을 끝까지 지키는가 하면, 어떤 부부는 1년도 못 돼 헤어지기도 한다. 이유가 무엇일까? 결혼 생활을 유지하기 위한 최고의 방법은 '대안을 생각하지 않는 것'이다. 이 사람보다 더 좋은 사람이 있다는 생각을 하는 순간부터 모든 것은 꼬이게 된다.

나는 나의 '자기다움'을 선택하는 데만 3년의 시간이 걸렸다. 이후 9년 동안 그것을 확인하고, 수정하고, 훈련하고 다듬었다. 자기다움을 처음부터 제대로 구축하기는 어렵다. 원래의 모습과 전혀 다른 것으로 변하기도 하고, 또 다른 것으로 자기다움을 구축하고 싶은 마음도 든다. 많은 고민을 통해서 자신의 자기다움을 결정했다면, 그 다음부터는 그것을 품고 일관성 있게 자신의 생활에 적용해야 한다. 이 과정에서 간혹 운명(상황)에 의해서 자기다움을 발견할 수도 있고, 막연했던 소명이 명확해지면서 자기다움이 될 수도 있다.

당장 먹고살기도 바쁜데 '자기다움'이 필요할까, 라는 질문에 나는 대답 대신 이런 질문을 한다. "먹고살기 어려워진 것은 자기다움이 없기 때문이 아닐까요?"

만약 출근 하려고 문밖으로 나왔는데 셔츠 단추를 잘못 끼웠다는 것을 알았다면 어떻게 할 것인가? 출근 시간이 바빠서 그대로 출근했다면 우리는 뭐라고 말할까? 단추는 다시 풀어 제대로 채워야 한다. 자기다움의 인생을 살고 있지 않다면 당신

자기다움을 확인하고 구축하기 위해 조급해하고 불안해할 필요는 없다.
자기다움의 과정도 인생의 결과이고, 그 결과도 과정일 뿐이다.
따라서 자기다움을 구축하는 것은 세상에서 자기다움 없이 살다가
잠시 본질로 돌아가서 자신을 반성하는 것이 아니다.
이것은 코마 상태에 있던 사람이 잠시 일어난 것과 같다.
자기다움이란 자궁으로 다시 들어가서 다시 태어나는 것과 같다.

은 처음으로 다시 돌아가야 한다.

어느 날 아리스토텔레스에게 한 제자가 찾아왔다. 그 제자는 아리스토텔레스에게 지혜를 얻는 방법에 대해서 물었다. 아리스토텔레스는 조용히 그를 데리고 해변으로 갔다. 그리고 팔로 우악스럽게 제자의 목을 잡아서 바다에 처박아 버렸다. 제자가 숨이 막혀서 허우적거리자 아리스토텔레스는 잠시 숨을 쉬게 한 다음 다시 그의 머리를 바다에 집어넣었다. 이렇게 몇 번을 되풀이한 후에야 그를 놓아 주었다. 제자는 잔뜩 겁먹은 표정으로 헉헉거리며 "지혜를 구했는데 왜 나를 죽이려고 하느냐"고 아리스토텔레스에게 고래고래 소리를 질렀다. 아리스토텔레스는 제자가 안정을 찾을 때까지 조용히 지켜보다가 이렇게 물었다.

"자네가 물속에서 하고 싶었던 것은 무엇인가?"

"당연히 숨을 쉬고 싶었습니다!"

"자네는 나에게 어떻게 지혜를 얻는가를 물어보지 않았는가?"

"그렇습니다!"

"물속에서 숨을 쉬고자 했던 열정으로 지혜를 구해 보게. 지혜를 얻게 될 것일세."

이와 같이 자기답게 살기 위한 '자기다움'을 얻기 위해서는 이것으로 살려고 해야 한다. 그래야만 자기답게 살 수 있다.

자기다움을 확인하고 구축하기 위해 조급해하고 불안해할 필요는 없다. 자기다움의 과정도 인생의 결과이고, 그 결과도 과정일 뿐이다. 따라서 자기다움을 구축하는 것은 세상에서 자기다움 없이 살다가 잠시 본질로 돌아가서 자신을 반성하는 것이 아니다. 이것은 코마 상태에 있던 사람이 잠시 일어난 것과 같다. 자기다움이란 자궁으로 다시 들어가서 다시 태어나는 것과 같다.

미하이 칙센트미하이는 자신의 저서인 《몰입의 즐거움》에서 목표를 다스리는 방법을 이렇게 소개하고 있다. "자신의 목표를 다스리는 요령을 터득하는 것은 성숙한 삶으로 나아가는 중요한 첫걸음이다. 그것은 자연 발생적 욕망에 몸을 맡기는 것과 다르고 욕망을 무조건 억압하는 것과도 다르다. 최선의 방안은 자기 욕망의 뿌리를 이해하고 그 안에 숨어 있는 편견을 인식하면서, '사회적, 물질적 여건'을 지나치게 흩뜨리지 않는 한도 내에서 자신의 의식에 질서를 가져올 수 있는 목표를 겸허하게 선택하는 것이다. 이보다 덜한 목표를 세우는 것은 자신의 잠재력을 개발할 기회를 포기하는 것이며, 이보다 과도한 목표를 세우는 것은 좌절을 자처하는 셈이다."

이처럼 자기다움은 긴장과 균형 속에서 다시 태어나는 것이다.

천개의 길 중에 하나의 길

가지 않은 길

- 로버트 프로스트

노란 숲속에 두 갈래 길이 있었습니다.
나는 두 길을 다 가지 못하는 것을 안타깝게 생각하면서,
오랫동안 서서 한 길이 굽어 꺾여 내려간 데까지,
바라다볼 수 있는 데까지 멀리 바라다보았습니다.

그리고, 똑같이 아름다운 다른 길을 택했습니다.
그 길에는 풀이 더 있고 사람이 걸은 자취가 적어,
아마 더 걸어야 할 길이라고 나는 생각했습니다.
그 길을 걸으므로, 그 길도 거의 같아질 것이지만.

그날 아침 두 길에는
낙엽을 밟은 자취는 없었습니다.

아, 나는 다음 날을 위하여 한 길은 남겨 두었습니다.
길은 길에 연결되어 끝없으므로
내가 다시 돌아올 것을 의심하면서.

훗날에 나는 어디선가
한숨을 쉬며 이야기할 것입니다.
숲속에 두 갈래 길이 있었다고,
나는 사람이 적게 간 길을 택하였다고,
그리고 그것 때문에 모든 것이 달라졌다고.

아마도 이 시를 라디오 방송, 시집, 지하철 액자 혹은 화장실에서 최소한 한 번 정도는 보았을 것이다. 읽으면 읽을수록 가슴을 먹먹하게 만드는 시다. 하지만 인생은 이것보다 더 후회스럽고 막막하다. 우리 앞에 펼쳐진 길이 두 개가 아닌 20개, 심지어 수천 개이거나 아예 보이지 않을 때도 있기 때문이다.

내 주위에는 친구를 잘못 만나 인생을 망친 친구가 있다. 한 편의 영화 때문에 전혀 다른 삶을 살게 된 친구도 있다. 한 권의 책으로 전혀 다른 사람이 되어 45년 동안 꿋꿋이 자신의 삶을 살아가는 친구도 있다. 모든 친구가 저마다 다른 길을 걷고 있다.

지금부터 소개하는 자기다움의 길은 나의 경험으로 닦여진 길이다. 길이라기보다는 수풀을 헤집고 지나가서 풀들이 쓰러져 있는 '상태'에 가깝다. 내가 갔던 길은 크게 4개의 길로 나뉜다. 첫 번째는 새벽 거인 되기. 반드시 새벽이 아닐지라도 새벽과 같은 시간을 마련하여 하루에 한 번씩 성장하는 길이다. 두 번째는 이름처럼 살기다. 일상과 일을 통해서 훈련하는 것을 말한다. 세 번째는 거듭남이다. 잠자리에 들기 전에 하는 훈련으로서 짧은 죽음(잠을 의미한다)을 통하여 새로운 생명을 체험하는 것이다. 네 번째는 주말 집중 시간 갖기다. 말 그대로 주말 중에 3시간 이상을 집중하여 자기다움을 구축하는 길이다.

얼핏 보기에 시간이 많이 필요할 것 같지만 딱 세 가지만 절제하면 시간은 충분하다. 첫째는 TV 보지 않기, 둘째는 인터넷 검색 하지 않기 그리고 셋째는 문자 보내지 않기다. 일반 사람들이 하루에 이 세 가지를 하는 데 드는 시간이 대략 3시간 30분 정도라고 한다. 이것만 하지 않아도 시간은 충분하다.

그렇다면 먼저 새벽 거인 되기를 살펴보겠다.

새벽 나라로 여행

 위대한 성인과 성공한 경영인들의 공통점은 그들이 새벽에 깨어 있었다는 점이다. 새벽에 일어나는 사람이 성공하는지 아니면 성공하는 사람이 새벽에 일어나는지를 연구했지만, 분명한 것은 성공한 사람들은 새벽에 일어나는 데서 그치지 않고 새벽을 깨웠다는 사실이다. 그래서 나는 그들을 새벽 거인이라고 부른다. 그렇다면 과연 새벽 거인은 누구일까? 나는 이 질문을 해결하기 위해 위대한 성인부터 탁월한 경영자까지 모두 찾아보았지만 정작 그들이 새벽에 무엇을 했는지는 알 수 없었다. 다만 새벽 거인들이 가진 몇 가지 패턴은 발견할 수 있었다. 만약 당신 주변에 이 같은 새벽 거인이 있다면 내가 뽑은 공통점들에 대입해 보라.

 여기서 말하는 새벽 거인은 진정한 자기 자신을 찾은 사람들이다. 즉 과거와 미래, 생각과 행동이 일치된 사람들이다. 목표(무엇)와 목적(왜)을 일치시킨 사람들이다. 가치와 하나 된 목적을 가진 사람들이다. 새벽에 일어나 목적이 있는 한 가지 일을 하는 사람들이다. 가치에 따라 사는 사람들이다. 자기만의 가치를 통해 세상에 선한 영향력을 끼치는 사람들이다. 그들은 새벽에 품었던 놀라운 아이디어와 비전들을 사람들에게 나누어 준다. 자신이 발견한 지혜를 다른 사람들에게 대가 없이 나누어 준다. 가치가 있다면 아무리 힘들고 어렵고 초라한 일이라도 달려갈 줄 아는 사람들이다. 자기사명선언서를 통해 날마다 자신을 단련하는 사람이다. 시간을 소중히 여기는 사람들이다. 침묵을 통해 자신과 자신의 가치를 발견하는 사람들이다. 감동과 열정이 있는 사람들이다. 지혜로운 사람들이다. 그들은 삶을 단순하게 살아간다. '생각'의 범위를 넘어 '기도와 명상'으로 내면의 깊이를 조절할 줄 안다. 당신이 알고 있는 새벽 거인에게도 이런 모습이 있는가?

누군가 나에게 새벽에 관한 정의를 내리라고 한다면 나는 서슴없이 '새벽은 미래다'라고 말한다. 왜냐하면 새벽 시간은 미래의 시간이라는 차원에서 앞으로 내게 일어날 사건들을 조절할 수 있게 해주기 때문이다. 하루의 새벽은 하루의 미래라고 말할 수 있으며, 한 달의 새벽은 1년의 미래이고, 1년의 새벽은 10년의 미래라고 말할 수 있다. 그리고 10년의 새벽을 통해서 평생의 일들을 조정할 수 있고 '나'를 만들 수 있다.

'조정 가능한 나의 인생'이라는 인생의 이벤트 차원에서 새벽은 자신이 감당할 수 없는 어떤 힘을 가지고 있다. 물론 새벽 시간 자체가 그런 에너지를 보유한 것은 아니다. 새벽에 어떤 일을 하느냐에 따라서 우리는 새벽의 힘을 경험할 수 있다. 물론 새벽에 일어나서 오전에 할 일들을 앞당겨 하는 사람들이 갖는 부지런함을 말하는 것이 아니다. 솔직히 그런 사람들에게 새벽이란 단지 '발 빠른 업무 연장'일 뿐이다. '미래'를 논할 새벽 시간이 아닌 것이다.

그렇다면 새벽에 어떤 일을 해야 하는가? 우리가 흔히 말하는 제2상한(급하지는 않지만 중요한 일)의 일들을 하는 시간으로 하루의 목표와 결과를 상상하는 일, 관심 분야의 책을 읽고 명상하는 일, 그리고 나를 만나는 일이다. 직장에서 성공하기 원하는가? 성장하기 원하는가? 성숙하기 원하는가? 그것이 무엇이든 간에 새벽에 무엇을 하는가에 따라서 달라질 수 있다.

맛있는 음식의 핵심에는 '숙성'이 있다. 탁월한 상품의 핵심에는 '완성'이 있다. 그렇다면 성숙한 사람의 핵심에는 무엇이 있을까? 바로 '반성'이다. 같은 문제에 대해서 습관적인 반성을 하는 사람은 인격적인 문제가 있는 사람이지만 어제의 반성을 하는 사람은 인격이 완성된다. 반성을 통해서 완성되는 과정에는 '침묵'이 필요하고 그 침묵의 시간은 바로 새벽이 가장 좋다.

쇼펜하우어는 시간의 비밀에 대해서 이렇게 말했다. "평범한 사람들은 그들의 시간을 어떻게 보낼 것인지에 대해서만 생각한다. 그러나 비범한 사람들은 그들의 시간을 사용하려고 노력한다."

이것은 시간에 대하여 우리가 어떤 자세를 취해야 하는가를 보여 주는 좋은 생각이다. 만약 새벽을 '준비하는 시간'으로 만든다면 그 시간은 우리에게 주어질 70% 혹은 90%의 시간을 비범하게 만드는 마술의 시간이 된다. 인간이라면 지금도 계속 시간이 흘러가는 것을 느낄 수 있다. 이 시간을 그대로 보낼 것인가? 아니면 사용할 것인가? 오스트리아의 물리학자인 폴 데이비스도 그의 저서인 《시간의 패러독스》에서 "똑같은 시간이라도 사용자에 따라 길거나 짧아질 수 있다"고 했다. 그래서 '시간을 위한 시간'으로서 새벽 시간을 사용하고자 하는 사람은 자신의 시간을 늘릴 수 있는 시스템과 인프라를 갖추게 된다.

예를 들어 새벽을 대하는 자세를 바꿀 때 일상에 큰 변화가 일어난다. 새벽 시간을 사용하려는 사람은 밤에 일찍 자야 한다. 따라서 늦은 밤에 말초신경을 자극하는 프로그램들과 말도 안 되는 농담으로 우리를 바보로 만드는 텔레비전을 끄고 과감히 잠자리에 들어가야 한다. 잠자기 전의 1시간 정도는 다

새벽의 단잠을 흔들어 깨울 만한 감동의 그 무엇이다. 바로 그 감동이
새벽 거인이 되는 유전자이며 자기다움의 중심축이다.
새벽에 떨리는 가슴으로 떠오르는 태양을
기다리게 하는 것이 무엇일까?

음날 새벽에 묵상할 책의 내용에 대해서 생각을 하는데 이것은 숙면하는 데 큰 도움이 된다. 잠들기 직전 5분은 새벽을 위한 준비의 마음을 갖는 시간이다. 아주 단순한 변화이지만 새벽 시간을 기준으로 맞춰진 저녁 시간은 남들보다 안정적이고 균형감을 가지도록 한다. 이렇듯 새벽을 소중히 여긴다면 새벽도 당신을 소중한 사람으로 만들어 준다. 그렇게 해서 새벽을 깨우는 사람이 된다면, 우리 안에서 이미 기적이 잉태되고 있는 것이다.

새벽 거인이 되기 위해서 새벽에 일어나거나 새벽과 같은 시간을 확보하는 것은 분명 중요한 시작(Begin)이다. 그러나 새벽 거인의 기원(Origin)은 새벽에 맞춰 놓은 자명종에서 시작하지 않는다. 새벽을 여는 것은 떠오르는 태양이 아니라 새벽의 단잠을 흔들어 깨울 만한 감동의 그 무엇이다. 바로 그 감동이 새벽 거인이 되는 유전자이며 자기다움의 중심축이다. 새벽에 떨리는 가슴으로 떠오르는 태양을 기다리게 하는 것이 무엇일까? 처음부터 새벽을 깨우는 그것을 찾기는 어렵다. 하지만 그 출발은 새벽 시간을 갖는 것에서부터 시작되어야 한다.

처음 경험하는 사람들에게 새벽 시간은 다른 시간보다 매우 무겁고 느리게 진행된다. 한마디로 침묵의 시간이다. 토머스 무어는 "가장 깊은 감정은 항상 침묵 속에 있다"고 말했다. 우리는 가장 깊은 감정의 실체에 대해서 진지하게 바라볼 필요가 있다. 하지만 우리 안에 가치와 목적이 없는 상황에서 침묵의 시간을 가진다면 좌절의 늪에 빠지고 만다. 왜냐하면 침묵을 통해서 내가 누구인가를 발견하기 때문이다. 내가 누구인가를 알게 되는 순간 내면 깊은 곳에서부터 밀려오는 슬픔, 현재 상태에 대한 불만, 자신에 대한 불안감 때문에 침묵은 갑자기 절대 고독으로 변질된다. 이런 새벽 침묵의 변질을 막기 위해서는 '감동을 품고 있는 가치'가 필요하다. 이것은 세상 사람들의 기준에 빠지지 않게 하는 하나의 정지선 역할을 한다.

새벽 가치

새벽부터 술 마시고 놀고먹기 위해서 일어나는 사람은 없다. '돈'과 관련된 일이 아니라면 '새벽 잠'을 이길 만한 것이 좀처럼 떠오르지 않는다. 지금까지 새벽 시간은 종교인들에 의해 독점되다시피 했다. 종교들인들에게 새벽은 자신들이 믿는 신에게 나아가 자신이 누구인지를 고백하는 시간인 것이다. 그런 새벽 시간에 나를 깨우는 그것이 바로 '자기다움'의 근간이 되어야 한다.

자기다움의 근간은 '가치'다. 새벽잠을 깨울 수 있는 그 가치에 대해서 새벽 거인인 철학자 쇠렌 키에르케고르는 이렇게 말했다. "내게 절실한 것은, 무엇을 알아야 하는가가 아닌 무엇을 해야 하는가를 뚜렷이 정립하는 일이다. 그것은 나 자신을 이해하는 것이고, 신이 실제로 내가 무엇을 하기를 바라시는지를 확인하는 것이고, 내가 그것을 위해서 살 수도 있고 죽을 수도 있는 이념을 발견하는 것이다."

대부분의 새벽 거인들도 처음부터 위대한 사람이 아니었다. 그들의 출신은 노비에서 노예 상인에 이르기까지 다양하다. 그들이 새벽 거인이 될 수 있었던 것은 자신의 가치관에 이물질 같은 새로운 가치관이 들어올 때 그냥 버리지 않았기 때문이다. 마치 조개가 입 속으로 이물질이 들어오면 자신을 보호하기 위해 분비물을 방출하여 이물질을 감싸는 것처럼 그들은 새로운 가치에 대해서 고민하고 회피하고 때로는 직면하면서 새로운 가치관에 대해서 씨름했다.

이물질을 여러 해 동안 품어서 조개가 진주를 만들어 내는 것처럼, 우리가 알고 있는 새벽 거인들도 자신에게 들어온 이물질(가치)이 자신의 삶 속으로 들어오게 하기 위해서 여러 해 동안 시간과 열정, 그리고 생명을 다해 그것을 감싸 안았다. 우리의 눈에 조개의 진주는 보석이지만, 조개 입장에서는 거추장스러운 담석에 불과하다. 새벽 거인들의 가치가 우리가 보기에는 고결하고 훌륭해 보이지만, 새벽 거인은 이것을 위해서 대가를 치르고 희생하며 어떤 때는 목숨으로 지켰다. 그렇게 지켜 낸 가치는 개인뿐 아니라 역사의 진주가 된다.

새벽 예찬론자였던 퀴리 부인은 자신의 진주에 대해서 이렇게 말하고 있다. "인생은 누구에게도 편안한 것은 아니지만, 그것은 별 상관이 없다. 인내와 특히 자신감을 갖는 것이 필요하다. 우리는 무엇이든 재능을 가지고 있다는 것, 그리고 어떠한 희생을 치르더라도 도달해야만 하는 목표가 존재한다는 사실을 명심해야 한다."

새벽 가치를 어떻게 정의할 수 있을까? 새벽에 일어나서 하는 일은 자신이 생각하는 단어를 재정의하는 시간이다. 이 작업 자체가 자기다움의 시작과 끝이라고 해도 과언이 아니다. 백과사전과 다른 사람이 정의한 단어에 의해 사는 것이 아닌 자신이 정의한 단어를 가지고 다른 생각을 해야만 '자기다움'을 가질 수 있다. 나의 새벽 사전에는 가치에 대한 정의가 이렇게 씌어 있다.

[가치] : 무엇이 근본적으로 중요하고 올바른 것인지를 규정하는 지속적인 신념 혹은 원칙, 가치란 단순한 신념 이상의 것, 가치는 깊이 간직된 신념이다. 사람들은 각자 자신의 가치에 강하게 집착한다. 인간은 가치에 따라 행동할 때 기쁨을 느낀다. 가치는 '어떠한 것이 바람직하다'고 생각하는 깊이 간직된 신념이다. 가치는 우리 각자에게 무엇이 옳고 중요한지를 규정해 준다. 가치는 우리의 선택과 행동에 지침이 된다. 목적이 '왜'를 말해 주기 때문에 중요하다면, 가치는 '어떻게'를 말해 주기 때문에 중요하다. 가치는 '목적을 수행해 나가는 하루하루동안 나는 어떻게 행동할 것인가' 하는 물음에 대한 답이 되어 준다. 가치는 목적을 추구함에 있어 어떻게 진행해 나갈 것인가에 대한 폭넓은 지침을 제공한다. 가치는 '나는 무엇을 토대로 어떻게 살고자 하는가?' 하는 질문에 대한 답이다. 가치의 실행을 보여 주는 행동들이 정확히 무엇인지 알 수 있도록 가치가 분명하게 기술되어야 한다. 가치를 단지 '좋은 취지'에 그치지 않게 하려면, 일관성을 가지고 실천해야 한다.

나는 '가치란 무엇인가?'에 관한 질문을 2001년부터 지금까지 계속 해오고 있다. 수많은 대답을 했고, 수많은 오답이 나왔다. 직접 실천해 보았지만 성공보다 실패가 압도적으로 더 많았다. 한때는 가치를 생각하는 것 자체가 부끄러웠고, 이것을 누군가에게 말하는 내가 역겨웠다. 그렇게 10여 년이 지났지만 지금 내 안에 진주가 있는 것은 결코 아니다. 어떤 것은 여전히 흙덩어리로 남아 있고, 어떤 것은 고름으로 변해 고통스럽다.

내 안에 내가 정의한 가치가 없음을 확실히 알게 되면, 그 즉시 깊은 회의감에 빠져서 새벽은 고통 그 자체가 된다. 나의 새벽 사전에 정의한 가치가 나의 '자기다움'에서 생성되지 않았음을 느낄 때면 깊은 패배의식 때문에 새벽에 일어나지도 못한다. 이것은 스스로 자해하는 것이 아니라 아름다움이다. 아마 아름다움이 앓음(아픔)다움으로 구성되어 있다고 쓴 것을 기억할 것이다. 이런 아픔을 느낀다는 것은 내가 나 자신을 알아 가고 있다는 반증이기도 하다.

나는 아름다워지는 중이다. 그것은 내가 가치 있는 사람이 아니라, 가치로 완성된 사람을 갈망한다는 증거다. 나는 그 가치를 나의 '자기다움'을 이루는 중심축으로 만들고 싶었다.

이물질

'자기다움' 세미나를 하는 시간이 되면 나는 언제나 흥분이 된다. 이런 강의나 세미나가 항상 성공적으로 끝나는 것은 아니지만, 나와 똑같은 고민과 의문을 가지고 찾아오는 이들에게서 묘한 동질감과 약간의 동정심, 그리고 돕고 싶은 강렬한 욕구를 느끼기 때문이다.

나는 강의가 끝날 때 쯤 30초 동안 아무 말 없이 그들을 쳐다본다. 어색한 시공간을 만들기 위해서다.

"여러분, 오늘 강의 시작 전에 나눠 드린 A4 용지를 다들 꺼내 주세요."

수강생들은 수업을 통하여 무엇인가가 될 수 있다는 기대로 기분 좋게 상기되어 있다.

"자 이번에는 그 종이들을 세 등분으로 접어 찢어 주세요. 그리고 각 장에 여러분이 가장 소중히 여기는 가치를 하나씩 적어 주세요. 그것이 무엇이든 좋습니다. 그러나 솔직해야 합니다. 누군가에게 보여 주기 위한 가치는 안 됩니다."

수강생들은 강의 때 가치에 대한 정의를 충분히 들었으므로 그것이 단순한 목표나 꿈 따위가 아님을 잘 알고 있다. 그러나 경험해 보지 않은 가치들을 글로 옮겨 적기란 쉬운 일이 아니다. 이들은 믿음이나 신뢰, 섬김, 건강, 혹은 재능이나 가족 따위의 다소 추상적인 단어들을 적는다. 이윽고 대부분의 사람들이 고개를 들고 나를 바라보면 나는 다음의 말을 이어서 한다.

"자, 이제 왜 그 가치가 여러분에게 중요한지를 주변 사람들과 나눠 보세요. 그리고 정확히 10분 뒤에 그 세 장의 가치 중 하나를 찢어 버리세요."

나는 마지막 말을 다소 과장을 섞어 단호하게 전한다. 예상대로 여기저기서 술렁거리는 소리가 들린다. 그중에는 난감해하는 사람도 있고 짜증을 내며 나를 바라보는 사람들도 있다. 그러나 나는 뒤도 돌아보지 않고 강단 옆에 마련된 내 자리로 가 앉는다. 처음에는 당황하던 사람들도 결국엔 시간에 쫓겨 그중 한 장을 찢게 된다. 이윽고 10분이 지나면 나는 다시 강단으로 올라가 그들을 바라보며 왜 세 개 중에서 그 한 장을 찢었는지 이야기 해 보라고 한다. 수강생들은 이런 과정을 통해 그들 스스로 자신의 우선순위와 삶의 기준을 경험하게 된다.

이번에는 똑같은 방법으로 또 한 장을 찢으라고 시킨다. 웅

성거리는 소리와 함께 분위기는 더욱 이상해진다. 하지만 강의 시간이 얼마 남지 않았다는 것을 알고 있는 대부분의 수강생들은 명령에 순종(?)해서 나머지 두 개 중 하나를 찢는다. 왜 찢었는지를 서로 나누어 보라고 시키면, 이번에는 여기저기서 웃음소리가 나온다. 재미있어서가 아니라 찢어 버린 가치에 대한 변명이 황당해서다. 그들은 마지막 남은 하나의 가치와 아무 생각 없이 찢어 버린 가치에 관한 궤변을 늘어놓는다. 스스로 설명하면서 자신이 진짜 누구인지를 알게 된다. 이제 저마다 마지막으로 남은 하나의 가치가 적힌 종이를 들고 나를 바라본다. 나는 그들에게 말한다.

"좋습니다. 이제 하나 남은 가치를 위해서 지난 일주일 동안 자신은 어떤 일을 했는가를 나누어 보세요."

이쯤 되면 아주 멋지게 세미나를 끝낼 수 있는 분위기가 된다. 수강생들은 모두 당황하고 어쩔 줄 몰라 수군거리게 된다. 마치 벌거벗겨진 것처럼 자신의 손에 남아 있는 쪽지로 얼굴을 가릴지 아니면 중요한 부분을 가릴지 고민하게 된다. 나는 마지막 그 가치를 위해서 살라고 간단한 멘트를 하고 강의를 마친다. 이런 강의는 항상 이렇게 씁쓸하고 찜찜하게 끝난다. 하지만 나는 그들의 마음에 의도적으로 이물질을 넣어 준 것이다.

지금까지 세 개의 가치를 모두 찢지 않은 수강생들은 없었다. 버려야 한다고 말하니까 주저 없이 버렸다. 중요한 것을 하나만 골라야 한다니까 하나만 골랐다. 그게 무슨 문제일까? 남이 버려야 한다고 해서 버리는 것은 가치가 아니다. 가치는 선택할 수 있는 것이 아니다. 가치는 버리는 것이 아니라 지키는 것이다. 그들이 적은 세 가지의 가치는 사실 가치가 아니라 자신이 중요하게 생각하는 개념일 뿐이다. 우선순위가 있는 개념으로서 상황에 따라서 작동하는 그런 스마트폰의 애플리케이션이다. 버릴 수 있는 가치는 여전히 이물질이다. 조개는 자신의 입 안에 있는 것이 아무리 아름다운 진주라도 조개이기 때문에 여전히 뱉고 싶어 한다.

가치는 절대 찢을 수 없다. 가치를 품게 되면 우리의 꿈으로 진주를 만드는 작업을 시작하게 된다. 그리고 그 일들이 꿈으로 끝날 것인가, 아니면 현실화되어서 주변을 비춰 줄 것인가는 '비전'에 의해서 결정된다.

새벽을 깨우는 꿈과 비전

나의 새벽 사전에 정의된 꿈과 비전은 다음과 같다.

꿈은 정적이며, 비전은 동적이다.
꿈은 자기의 행복이며, 비전은 세상의 행복이다.
꿈은 새벽을 깨우고, 비전은 새벽을 기다린다.
꿈은 잊혀지지만, 비전은 기억된다.
꿈은 상상력이 필요하고, 비전은 인내가 필요하다.
꿈은 욕구에서 나오고, 비전은 가치에서 나온다.
꿈은 자기 안에서 나온 것이고, 비전은 외부로부터 부여된 것이다.
꿈은 유혹이 천적이고, 비전은 두려움이 천적이다.
꿈은 골목대장이고, 비전은 리더이다.
꿈은 항상 자신이 돌봐 주어야 하지만, 비전은 어느 순간 우리를 돌봐 준다.
꿈은 많은 사람의 그것과 비슷하지만, 비전은 같은 모양을 찾기 어렵다.
꿈은 침대 위에서 일어나지만, 비전은 책상 위에서 벌어진다.
꿈은 전염성이 없지만, 비전은 강한 전염성이 있다.
꿈을 위해 목숨을 바치는 사람은 없지만, 비전을 위해 죽은 사람들은 많다.
꿈을 이룬 사람들은 부러움의 대상이지만, 비전을 이룬 사람들은 존경의 대상이다.

이 정의는 내가 만든 것이 아니라 마틴 루터 킹의 꿈을 들춰 보면서 적은 것이다.

나에게는 꿈이 있습니다.
이글거리는 불의와 억압이 존재하는 미시시피 주가 자유와 정의의 오아시스가 되는 꿈입니다.
나에게는 꿈이 있습니다.
내 아이들이 피부색을 기준으로 사람을 평가하지 않고
인격을 기준으로 사람을 평가하는 나라에서 살게 되는 꿈입니다.
지금 나에게는 꿈이 있습니다.

나에게는 꿈이 있습니다.
지금은 지독한 인종 차별주의자들과 주지사가
간섭이니 무효니 하는 말을 떠벌리고 있는 앨라배마 주에서
흑인 어린이들이 백인 어린이들과 형제자매처럼
손을 마주 잡을 수 있는 날이 올 것이라는 꿈입니다.

지금 나에게는 꿈이 있습니다!
골짜기마다 돋우어지고 산마다, 작은 산마다 낮아지며
고르지 않은 곳이 평탄케 되며 험한 곳이 평지가 될 것이요,
주님의 영광이 나타나고
모든 육체가 그것을 함께 보게 될 날이 있을 것이라는 꿈입니다.

아직도 나에게는 꿈이 있습니다.
근원적으로 아메리칸 드림에 깊이 뿌리박혀 있는 꿈입니다.
그 꿈이란, 언젠가 나의 조국 미국이
'진리는 밝혀질 것이다'는 문구의 참뜻을 이해하고 실천하며 이
와 동시에 모든 인간은 평등한 존재로 태어났다는
우리의 신념을 알게 될 거라는 것입니다.

Poiema

"당신의 꿈을 시로 써보세요!" 강의는 이렇게 시작된다. 평균 연령 40대 후반의 기업 임원들은 태어나 처음 듣게 된 지시로 당황스러워한다. 초등학교 때를 제외하고는 단 한 편의 시를 써본 적도 없고, 국어 시간에 나온 시를 본 것이 고작이던

이들에게 시를 쓴다는 것은 직원들과 노래방에 가서 '엄마 앞에서 짝짜꿍'을 부르는 것과 같다. 하지만 강사의 강력한 요청(지시)으로 어쩔 수 없다는 듯 서로 키득거리면서 시를 쓴다. 하지만 1분도 채 되지 않아 강의장은 숙연해진다. 그 누구도 웃지 않는다. 간혹 옆 사람이 쓰고 있는 시를 슬쩍 훔쳐보는 사람도 있지만 대부분 진지하게 시를 쓴다. 나는 그렇게 쓴 시를 걷은 후, 이번에는 다른 제목을 말해 준다. "자신에 대해서 시로 쓰세요!" 이번엔 처음보다 더 큰 소리로 웃는다. 하지만 나는 준비해 둔 멘트로 순식간에 조용히 시킨다. "자신의 인생을 한 편의 시로 쓸 수 없다면 그 사람은 어떤 인생을 보낸 것일까요?" 그들은 비명도 지르지 못하고 자기 앞에 놓인 A4용지를 쳐다보게 된다. 이내 어떤 사람의 얼굴에는 마치 유서를 쓰는 진중함이 보이고, 또 어떤 사람에게서는 갑작스럽게 자신을 만나게 되어서 오는 혼동스러움이 보인다.

　자기다움의 두 번째 작업은 나와 내 꿈 그리고 내가 살아온 인생에 대해서 시를 쓰는 것으로 시작한다. 자신을 자신이 어떻게 생각하는가에 따라서 시는 동시, 대중가요의 가사 그리고 신을 찬양하는 시편이 되기도 한다. 참회의 시부터 기쁨의 시까지 그리고 다양한 깨달음을 찬미하는 시들이 만들어진다.

시(poem)의 어원은 고대 그리이스어인 포이에마(Poiema)인데 그 뜻은 '만들다, 창조하다'이다. 시를 쓰는 것은 굳어 있는 마음을 감성적으로 만들려는 의도가 아니다. 물론 시인을 만들려는 것도 아니다. 오히려 그 반대다. 시를 쓰는 목적은 자기에게 일어났던 일들을 기억하고, 막연하게 생각만 하던 가치와 구체적으로 표현하지 못하던 가치를 시라는 형식을 통해 마음속에서 들끓게 하려는 것이다. 이런 시를 쓰는 사람은 평생 거울을 보지 않던 사람이 처음으로 거울을 볼 때 받는 것과 같은 충격을 경험한다.

처음 시를 쓴 사람은 그 다음 날 자신의 시를 보면서 스스로 창피해 찢어 버리는 것이 일반적이다. 문장력이 뛰어나지 않아서가 아니다. 거짓말을 하고 있기 때문이다. 자신에 관한 시를 다른 사람 앞에서 읽어 보라고 하면 심한 모욕감마저 느낀다. 왜 자신한테 이런 불쾌한 감정을 가지게 되는 것일까? 시를 통해서 지금 여기 앉아 있는 자신과 예전의 자신, 만들어진 자신과 희망 속에 사는 자신이 동시에 만나는 경험을 하기 때문이다. 마치 거울 속 자신의 모습을 보고 짖는 개처럼 당황스럽고 웃긴 상황이 연출된다. 이것을 정신과에서는 '정신분열'이라고 한다.

자신의 꿈과 인생, 그리고 자신에 대해서 시를 한 번 쓰고, 번지점프처럼 쇼킹(?)한 경험을 하는 것만으로는 충분하지 않다. 새벽마다 이렇게 한다면 1년 뒤에는 과연 어떤 시가 나올까? 둘 중 하나다. 계속 정신분열 상태를 유지하든지, 아니면 자신을 시에 맞추어 가는 삶을 살든지이다.

기업의 마케팅팀 담당자 역시 브랜드의 아이덴티티(자기다움)를 구축할 때, 이와 똑같은 작업을 한다. 예를 들어, 평균 10명의 사람이 모여서 자신의 브랜드에 관해서 시를 쓴다. 그 시들을 모아서 시를 이루고 있는 단어를 분류한다. 브랜드에 관한 시들은 보통 100~150개의 단어로 구성된다. 그것을 주제별로 5~8개로 구분한다. 그런 묶음으로 모인 단어 중에서 다시 세 개를 뽑아서 브랜드의 아이덴티티에 대해서 한 줄로 쓴다. 그렇게 한 줄로 된 브랜드 정의가 나오면 그것을 가지고 또다시 시를 쓴다. 같은 작업이 두 번 반복된다. 이 작업이 끝나면 브랜드 아이덴티티가 결정되어 한 줄로 나온다. 그렇게 나온 한 줄의 정의는 브랜드의 존재 이유, 브랜드의 가치 그리고 브랜드의 비전에 관한 정제된 약속이다. 이것을 가지고 브랜더들은 브랜드 철학, 전략 그리고 메시지를 만든다.

새벽에 나와서 시를 쓰는 이유는 내가 무엇에 감동하고, 무엇을 지향하며, 어떻게 세상을 보고 있고, 어떤 단어가 나를 지배하고 있으며 그리고 자기다움을 표현하는 단어가 무엇인지를 파악하기 위함이다. 어떤 사람은 새벽에 시를 쓰는 것을 마치 깊고 잔잔한 호수에서 낚시를 던지고 그 안에 살고 있는 물고기를 잡는 것과 비슷하다고 했다. 내 마음의 호수에서 어떤 물고기를 잡을 수 있을까? 그것은 낚시의 미끼(주제)가 결정한다.

  이 훈련을 하기 위한 하나의 법칙이 있다면 일반적인 시의 법칙을 따를 필요가 없다는 것이다. 이 작업은 시(Poem)를 쓰는 것이 아니라 포이에마(Poiema, 만들다/창조하다)를 작성하는 일이다. 이 시는 누구에게 보여 주는 시가 아니다. 오직 나를 구성하는 단어들의 조합을 살펴보는 일종의 영혼의 부품들을 살피는 일이다. 따라서 자기다움에 관한 시를 새벽마다 쓰면서 스스로 어떤 단어에 민감한지 파악해야 한다. 그래서 포이에마(Poiema)는 영혼의 일기다. 이 포이에마(Poiema)의 목적은 어제 살았던 삶을 기억하게 하여 자신의 거짓과 궁색함을 자각하게 하는 것이다. 한마디로 포이에마는 반성이다.

Naming

포이에마(Poiema, 시로 나를 창조하는 작업)를 통해 당신은 '자기다움'에 관한 한 편의 시, 한 줄로 된 정의 그리고 하나의 단어를 갖게(찾게) 된다. 다음 단계는 이런 정의(시, 한 줄 정의, 하나의 단어)를 바탕으로 자신에게 새로운 이름을 지어 주는 것이다.

필자의 이름은 원래 조태현이다. 권민은 필명으로서 아주 우연한 기회에 얻게 된 이름이다. 2000년에 〈패션인사이트〉라는 신문으로부터 '자칼의 눈'이라는 제목으로 패션 시장의 어두운 면을 써달라는 제안을 받았다. 그때 '권민(權潣)'이라는 필명을 사용해서 '고발성 기사'를 쓰게 되었다. 이렇게 얻게 된 이름이 좋아서 아들에게 이름을 '조권민'으로 물려(?)주기까지 했다.

성을 권(權)으로 한 첫 번째 이유는 나의 친모 성이 권씨이기 때문이다. 두 번째 이유는 '헬퍼십'이라는 리더십 책을 쓰면서 영향력에 대해 몰입했기 때문이다. 그래서 사람들에게 선한 영향력을 주겠다는 뜻의 새로운 이름을 만들고 싶었다. 리더십은 물리적인 권력이 아니라 영향력을 가진 권세라는 생각 때문에

'권세 권(權)'을 선택했다. 리더십은 지시하는 것이 아니라 물 흐르듯이 아래로 흘러가야 한다는 생각으로 '물 흐를 민(潣)'을 선택했다. 그렇게 만들어진 이름이 권민이다.

나의 이메일 아이디는 coel30이다. 아이디를 coel로 정한 것은 내가 새벽마다 쓴 글, 시 그리고 낙서들을 검토하면서 무의식적으로 내가 코이볼브(coevolve, 공진화, 共進化 : 서로 영향을 미치며 진화, 진보하다)라는 개념과 가치에 호감이 있다는 것을 알았기 때문이다. 더 나아가 내가 추구하는 가치 중의 하나가 바로 '협력해서 선을 이룬다'는 것임을 알게 되었다. 이 두 가지의 개념을 혼합해서 COEL이라는 '권민'의 또 다른 이름을 만들었다. COEL은 협력의 의미로 Co(together, 모으다)+El(element, 요소)를 합성해서 만든 단어다. 숫자 30은 서른을 의미하는 것으로서 내가 30세에 진정으로 추구하는 가치를 알게 되었음을 의미한다. 《논어》에서 공자가 서른 살에 뜻을 세웠다는 이립(而立)과 유사하다. 비록 이 가치가 당장은 내게 없다 할지라도 이 단어가 나의 '자기다움'을 구축하는 단어라는 것도 깨달았다.

그렇다고 내가 '연합'을 잘하거나 즐기는 사람은 '절대' 아니다. 오히려 혼자 일해야만 더 잘하는 쪽에 가깝다. 하지만 내가 이것을 나의 '자기다움'으로 두고 싶었던 것은 개발되지 않은 능력이기에 앞서 가장 약한 부분이기 때문이다. 이후 '연합'이라는 가치를 소유하기 위해서 의도적으로 다른 사람과 함께 5권의 책을 출간해 보았지만, 그 과정은 매우 힘들었다. 아직도 내게 '연합'은 거북한 가치이지만 여전히 중요한 가치다.

나의 포이에마(Poiema)에 의해서 만들어진 코엘(COEL)이라는 가치를 7년 동안 가슴에 품고 살아오다가, 코엘의 결정체라고 할 수 있는 《Unitas BRAND》를 창간했다. 잡지 이름인 유니타스(Unitas)는 연합하여 하나가 된다는 뜻을 가진 고대 라틴어다. 나에게 있어서 이 잡지는 코이볼브(Coevolve)와 co+element의 결과다.

'조태현'이라는 나의 이름은 나의 의사와는 상관없이 부모의 소망과 믿음으로 받게 된 이름이다. 이렇게 받은 이름이 나쁘다는 것은 아니다. 하지만 이처럼 어떤 사람의 이름에는 뜻이 없고 때로는 돌림자에 의해서 만들어지기도 한다. 설사 뜻이 있더라도 너무나 커서 그냥 이름으로 존재하는 이름들도 있다.

브랜드에서는 최고의 브랜딩은 이름값 하는 것이라는 말이 있다. 과연 나는 내가 부르는 '권민'이라는 이름값을 하면서 살 수 있을까? 사람들에게 불리는 이름대로 살까? 만약에 누군가

포이에마Poiema(시로 나를 창조하는 작업)를 통해
당신은 '자기다움'에 관한 한 편의 시,
한 줄로 된 정의 그리고
하나의 단어를 갖게(찾게) 된다.
다음 단계는 이런 정의(시, 한 줄 정의,
하나의 단어)를 바탕으로 자신에게
새로운 이름을 지어 주는 것이다.

가 나에게 '권민'이라고 부르지 않고, 인디언 이름처럼 '권세를 흘려보내는 자'라고 부른다면 나는 얼마나 창피할까? 사람들이 내 이름의 의미를 알았을 때 거부감이 일어난다고 하면 어떻게 할까? 스스로 하는 질문에 위축되었지만 '단 한 번뿐'이라는 마음으로 사회적 이름을 바꾸었다.

모두 필명을 가질 필요는 없다. 요즘은 이름보다는 아이디를 많이 사용한다. 이름을 바꾸는 것이 부담스럽다면 먼저 자신의 아이디를 '자기다움'으로 바꾸는 것부터 시작하라고 권하고 싶다. 앞서 나의 사례와 비슷한 방법으로 아이디를 결정하면 된다.

먼저 시와 20자 정의를 통해서 '자기다움'을 이루는 단어를 찾고, 그 단어를 정리해서 이름(아이디)을 만든다. 그리고 다시 그 이름으로 시를 쓰고 20자 정의를 하면서 자신의 세계관을 바꾸어 간다. 새벽마다 반복해서 이 훈련을 하는 것이다. 그렇다고 책상에 앉아서 이것만 하라는 것은 아니다. 여기까지는 원석을 찾는 과정에 불과하다. 진짜 보석이 되는 과정은 그 다음부터다.

Reading과 Leading

 나의 이름과 아이디 그리고 추구하는 가치와 '자기다움'을 이루는 단어들이 과연 나의 것인지 아니면 흉내만 내고 있는지를 검증하고 스스로 증명해야 한다. 나는 '협력과 연합'이라는 주제로 책을 읽기 시작했다. 사람들을 만나고, 30대 이후에 갖게 될 새로운 직업을 찾았다. 개미의 협력부터 시작해서 촌충의 기생까지 생물학에서 다루는 '협력과 연합'을 공부했다. 여기에 관련된 책을 읽고, 영화도 보고 멘토를 만나면서 또 다른 '협력과 연합'의 형태가 '경쟁과 조화'라는 것도 알게 되었다.

 만약 우리가 생각하는 주제에 대해 좀 더 많은 책을 읽게 된다면 '감상'을 할 수 있게 된다. '감상의 마음'에 '가치'를 품게 되면 '묵상'을 할 수 있다. 이러한 묵상 가운데 새벽 지혜를 얻게 된다. 물론 새벽 지혜가 IQ의 향상을 말하는 것은 아니다. 더 넓고 다른 각도에서 볼 수 있는 '제3의 눈'을 말한다.

 나는 내가 일하고 있는 분야에서 나의 '자기다움'으로 얻어진 새로운 개념과 지식을 집어넣어 새로운 형태의 지식 창조를 시도했다. '협력과 연합'이라는 관점으로 세상에 전혀 없는 개념인 Helpership, Brandship, On Branding, Brandsync 등 신조어를 만들면서 지식을 구축했다.

그렇게 자기다움을 통한 지식을 추구하면서, 50세에 쓰게 될 책 제목으로 '좋은 브랜드는 좋은 생태계다(Good Brand is Good Ecosystem)'를 미리 뽑아 놓았다. 제목만 만들었지 어떤 내용이 들어가야 할지는 나도 모른다. 하지만 또 다른 가치와 '자기다움'으로 이것에 관해서 써야 한다는 소명을 깨달았다. 내 운명의 창조자에게 한 발자국 더 나아가게 되었다.

'자기다움'은 아름다운 시, 그럴듯한 이름 그리고 스마트한 아이디로 완성되는 것이 아니다. 자신이 어떤 가치를 알고 깨달았다고 해서 자기다움을 찾을 수 있는 것도 아니다. 단지 내가 반응할 수 있을 뿐이다. 내게 없는 가치를 나의 '자기다움'으로 만들기 위해서는 오직 한 가지 방법밖에 없다. 새벽을 보내고 아침부터 현장에서 실행하는 것이다. '자기다움'이 자신의 일터에서 그리고 일상에서 실현될 때 비로소 '자기다움'이 '자기답게' 이루어진다. 이것이 바로 자신의 세계다.

앞 장에서 프로스트의 '가지 않은 길'과 마틴 루터 킹의 '나에게는 꿈이 있습니다'라는 글을 읽었다. 두 시를 읽었을 때 당신 안에서는 어떤 변화가 있었는가? 이 두 시를 읽었을(Reading)

때 당신을 이끌어(leading) 가는 시는 어떤 시인가? 마틴 루터 킹이 꿈꾸는 길로 갈 것인가? 아니면 로버트 프로스트가 갔던 낯선 길로 갈 것인가? 우리는 마틴 루터 킹이 어떻게 사망했는지 알고 있다. 하지만 로버트 프로스트는 어떻게 사망했는지 잘 모른다. 내가 쓴 진실한 시는 내가 어떻게 죽을까를 미리 알려 준다.

자신이 어떻게 죽을까를 결정하면 삶은 명확해진다. 단순해진다. 무엇보다도 나머지의 인생이 자기다워지며, 자기답게 죽을 수 있다. 이것은 삶의 지혜다. 자극적이지만 더욱 강도를 높여 보자.

동그라미 안에 있는 3개의 바늘은 계속 돌아간다. 1, 2, 3, 4, …21, 22, 23, 24 그리고 다시 1, 2, 3, 4, …21, 22, 23, 24 그리고 또 다시 1, 2, 3, … 사람들은 시간이라는 것이 시계 바늘처럼 돌고 돌아 다시 시작되는 것으로 알고 있다. 그러나 돌고 돌아 그 자리에 오지 않는 것이 시간이다. 혹시 시간이 있다면 1년부터 시작해서 70년까지의 시계를 만들어 보라. 그러면 시계가 주는 환상에서 금방 깨어날 수 있을 것이다. 시간은 반복되는 '원 운동'을 하는 것이 아니라 되돌릴 수 없는 '직선 운동'을 하고 있다. 누구나 알고 있는 사실이지만 이것을 알고 자신의 생활에 적용하는 사람은 전혀 다른 시간 속에서 살게 된다.

그렇다면 왜 자기다움을 발견하고 구축하며 완성하는 데 새벽 시간이 좋은가? 새벽 시간은 영원히 살 것처럼 착각하는 우리에게 시간의 한계를 느끼게 한다. 만약 직장인이라면 9시부터 시작되는 회사의 시간에 자신을 맞추게 된다. 만약 새벽 시간의 연장선에서 근무 시간에 짬짬이 다른 여가 생활을 즐기려 한다면 그 자체로 '자기다움'을 썩게 하는 것이다. 새벽 시간과 일상 시간은 '생각과 실행'의 자웅동체가 되어야 한다.

시간에는 두 가지 정의가 있다. 하나는 흘러가는 시간이고 또 하나는 의미 있는 시간이다. 흘러가는 시간을 헬라어로 '크로노스(chronos)'라 하고, 의미 있는 시간을 '카이로스(kairos)'라 한다. '크로노스'는 연대기적인 시간을 말한다. 그래서 연대기를 말할 때 영어로 '크로니클(chronicle)' 또는 '크러놀로지(chronology)'라고 한다. '카이로스'는 특정한 시간 또는 정해진 시간을 말한다. 시간은 비록 흘러가는 것이지만, 시간에 어떤 특별한 의미가 있을 때 이 의미 있는 시간을 '카이로스'라 부르는 것이다. 그래서 '카이로스'는 어떤 일이 수행되기 위한 시간 또는 특정한 시간을 가리킨다. 계획이 세워지고 그 계획

'크로노스'는 연대기적인 시간을 말한다.
시간은 비록 흘러가는 것이지만, 시간에 어떤 특별한 의미가 있을 때
이 의미 있는 시간을 '카이로스'라 부르는 것이다.
그래서 '카이로스'는 어떤 일이 수행되기 위한 시간
또는 특정한 시간을 가리킨다.
계획이 세워지고 그 계획이 실행되는 시간이다

이 실행되는 시간이다.

　새벽 시간을 크로노스처럼 쓰는 사람들이 있다. 직장에 일찍 오자마자 컴퓨터를 켜고 여기저기 인터넷 사이트를 뒤지는 사람들, 스포츠 신문부터 시작해서 4대 일간지를 모두 읽어 버리는 사람들, 어제 미뤄 둔 일을 새벽부터 하는 사람들. 이런 사람들에게 새벽 시간은 추가된 '냉면 사리'처럼 2시간을 덤으로 쓰는 것 외에는 아무런 의미가 없다. 거인과 평범한 사람의 차이점이 바로 여기에 있는 것이다. 거인들은 하루의 30%에 해당하는 새벽 시간을 카이로스로 만들어 사용한다.

　새벽 시간에 '자기다움'을 위해서 읽었던(Reading) 것으로 나의 일상에서 모든 일을 주도(Leading)해야 한다.

일(Work)과 일(ill)

　관심을 가지고 보면 이른 아침 피트니스센터에 운동하러 오는 사람들에게는 시간대별로 특징이 있다는 것을 알 수 있다. 먼저 6시에 문을 열자마자 바로 들어오는 사람들은 대체로 건강하신 어르신들이나 람보르기니 자동차와 같은 몸을 만들고 싶어 하는 젊은 사람들이다. 이들은 거의 같은 시간에 와서 같은 운동을 하고 비슷한 시간대에 떠난다. 그다음으로 오는 그룹은 40대 남성들이다. 평생 안 하던 운동을 몰아서 하는 것처럼 닥치는 대로 돌아다니면서 운동을 한다. 어떤 건강검진 결과를 받았는지 모르겠지만, 그들은 운동 시간 내내 긴장한 채 러닝머신을 비롯한 모든 기구에 몸을 밀어 넣고 열심히 운동한다. 이 그룹이 빠지면 다시 밀물처럼 출근 시간 30분을 앞두고 들어오는 마지막 사람들이 있다. 어제 마신 술이 아직 덜 깬 사람들, 운동하기가 너무 지겹지만 일단 돈을 냈으니 오는 사람들이다. 그리고 살을 빼기 위해서 온 사람들이다. 이 그룹들은 자전거를 타고 있지만 한 손에는 신문을 들고 TV를 쳐다보고 있다. 마치 아이들 성화에 떠밀려 놀이동산에 온 아빠처럼 남이 하는 운동만 멍하니 쳐다보고 있다. 주로 운동기구에 앉아 있다가 마지못해 몇 번 들어 보고, 느릿느릿 다른 운동기구로 이동한다. 결국 시간 때우기 식으로 기웃거리며 돌아다니다가 출근 시간에 맞춰 서둘러 떠난다.

직장도 이와 비슷한 것 같다. 직장을 자기다움을 완성하는 피트니스(fitness; 적당함)센터 쯤으로 생각하고 일하는 사람들이 있다. 이들의 특징은 뭐든지 알아서 한다는 것이다. 혹자는 이것을 주인 정신이라고 말하는데, 여기서 주인이란 기업의 주인이 아니라 자신의 주인이 되는 것을 말한다. 이들은 회사가 자신을 뽑은 것이 아니라 자신이 회사를 선택해서 들어왔다고 생각한다. 힘들고 어려운 일에 대해 불평하기보다 오히려 피트니스센터의 무거운 바벨처럼 자신의 지적 근력과 근육을 키우는 도구로 생각한다. 회사의 모든 것은 '자기다움'을 완성시키는 훈련 장비일 뿐이다.

살을 빼기(월급을 벌려고) 위해서 운동하는 사람들은 절대로 무거운 것을 들지 않는다. 살을 빼는 것이 목적이기 때문에 무리한 운동은 하지 않는 것이다. 최소한의 무게만 들고 남들 하는 운동만 지켜보다 피트니스센터 한쪽에 마련된 찜질방에서 졸다가 간다. 이들의 특징도 오직 하나라고 말할 수 있다. 이들에겐 '자기다움'은 없으며 오직 '종처럼' 살아간다. 이런 사람은 자신이 왜 이 회사에 있는지를 설명하지 못한다. 이 상태가 지속되면 회사도 이 사람을 왜 고용해야 하는지 이유를 찾지 못하게 된다. 이들의 목표는 '하루를 무사히' 보내는 것 외에는 없다.

이 극단적인 두 그룹 중 당신은 어디에 속할까? 어디에 가까운 사람일까? 이것을 구분하는 아주 간단한 방법이 있다. 다음 질문에 답하면 된다. "1,000억짜리 로또에 당첨되어도 내일 아침에 회사에 나와서 이 일을 할 것인가?"

당첨될 확률이 없기에 실감이 나지 않아 '예'라고 말할 수도 있다. 하지만 다음 질문까지 피해 갈 수는 없다.

"그렇다면 그 이유를 말해 보십시오."

"그 이유대로 일하고 있습니까?"

"그 이유로 살아가는 가치는 무엇인가요?"

이 질문은 자기만의 직장관을 가지고 있지 않으면 대답할 수 없고, 임기응변식으로 대답하면 자기가 듣기에도 유치하고 궁색해진다.

직장에서 업무로만 따진다면 최고의 직원은 자기 일에서 전체를 이해하고, 전체의 일에서 자기 일을 완성하는 사람이다. 기업은 평범한 사람들이 모여서 혼자서 할 수 없는 특별한 일을 하는 곳이기 때문에 부분과 전체를 이해하는 협력이 가장 중요한 곳이다. 이런 곳에서 자기 일을 소홀히 하는 것은 전체를 위태롭게 하거나 썩게 하는 것과 같다. 자기다움을 완성하는 사람은 자기다움과 기업의 탁월함을 이해하고, 기업의 탁월함을 추구하면서 자기의 탁월함도 구축하는 사람이다. 이것은 기생이 아니라 공생이다. 상호 독립된 유기체가 전체가 되어서 서로에게 영향력을 주고받으며 함께 완성해 간다. 이렇게 하기

직장을 자기다움을 완성하는
피트니스(fitness; 적당함)센터 쯤으로 생각하고
일하는 사람들이 있다. 이들은 회사가 자신을 뽑은 것이 아니라
자신이 회사를 선택해서 들어왔다고 생각한다.
힘들고 어려운 일에 대해 불평하기보다 오히려 피트니스센터의
무거운 바벨처럼 자신의 지적 근력과 근육을 키우는 도구로 생각한다.
회사의 모든 것은 '자기다움'을 완성시키는 훈련 장비일 뿐이다.

위해서는 먼저 자신의 '자기다움'과 기업의 미션을 동시에 이해해야만 한다.

일이 너무 쉽고 단순하면 동기부여가 일어나지 않는다. '자기다움'으로 일하라고 해서 자신에게 과장되고 거짓된 동기를 부여하라는 의미가 아니다. 아무리 하찮다고 생각되는 일이라도 '자기다움'으로 일하려 한다면 그 자체로 중요하고 어려운 일이 된다.

중장비 기업 캐터필러의 청소부에서 이 회사의 경영자가 된 제임스 데스페인(James Despain), 백화점 승강기 안내 직원에서 백화점의 경영자가 된 제시 페니(J.C. Penny) 외에도 우리가 성공했다고 말하는 대부분의 사람들은 남이 보기에 쉽고 하찮은 일을 '자기다움'으로 이해하고 중요하고 진중하게 다룬 사람들이다. 바로 부분과 전체에 관한 상호작용을 실천한 사람들이다.

자기다움에서 우리다움으로

이 일을 위해서 태어났다는 입사 희망자들의 최종 인터뷰에서 나는 이런 당돌한 질문을 한다. "입사하면 얼마를 내고 회사에 다니겠습니까?" 이런 제안에 대부분 황당한 얼굴로 웃기만 한다. 나는 장난이 아니므로 진지한 얼굴로 구체적인 제안을 제시한다. "한 달에 100만 원씩만 내고 6개월만 일해보세요. 배울 것이 없다면 3개월 안에 그만두셔도 좋은데 수업료는 돌려 드리지 않습니다." 이 제안을 그 자리에서 받아들인 사람은 지금까지 100명 중에 단 한 명 있었다. 이런 질문을 하는 이유는 정말 그 사람이 이 일을 위해서 태어났는지를 서로가 확인하고 싶었기 때문이다. 만약에 진짜로 그 사람이 이 일을 위해서 태어났다면 월급쟁이 경영자는 자신의 자리에서 내려와야 하지 않을까?

이 질문을 독자에게도 하고 싶다. "지금 다니고 있는 회사는 월급을 받지 않고 오히려 수업료를 내고 일해도 좋을 만큼 가치가 있는가?" "그럴 가치도 없는 곳에서 일하고 있다면 당신은 어떤 가치가 있는 사람인가?"

우리는 가치의 기준에 의해서 직장을 택하지 않았다. 학교가 직장 선택의 가치 기준을 가르쳐 준 적도 없다. 일반적으로 취업 시장에서 기업을 선발하는 기준은 '월급이 안정된 대기업'이다. 하지만 안정된 생활을 위해서 대기업을 선택하는 것이 실은 가장 불안한 삶이라는 것은 대기업에서 퇴사한 사람들만 알고 있다. 불안한 인생을 사는 것은 기업의 정년이 인생의 끝이라고 생각하기 때문이다. 정년을 목표로 사는 사람은 이후의 삶을 불안하게 살게 된다.

제대로 된 직장을 찾고 싶다면 그 기준을 '안정'이 아닌 자기다움을 구축하는 '도전'에서 찾아야 한다. 일은 '자기다움'을 찾고 구축하는 최고의 방법이다. 하지만 앞서 말했듯이 일 자체가 그런 가치를 가지고 있지는 않다. 어떤 일이 가치 있게 되는 것은 그 일을 하는 사람의 자기다움에 달려 있다.

'자기다움'으로 일하는 것과 일을 통해서 '자기다움'을 완성하는 것은 '특권층'의 권리다. 여기서 말하는 특권층이란 자신이 하는 일을 '특권'이라고 생각하는 사람들이다. "당신에게 이 일은 특권인가?" 이 질문의 대답이 어려우면 다음 질문으로 넘어가 보자. "이 일은 당신의 '자기다움'이 아니면 아무나 할 수 없는 일인가?" "돈과 관계없어도 당신은 이 일을 다른 사람보다 더 헌신적으로 할 수 있는가?" 이와 같은 기준으로 일하고 있다면 그 누구도 당신을 대체할 수 없다. 아무나 당신의 일을 하지 못할 것이다. 그래서 당신의 일이 당신만의 특권이라고 말할 수 있다.

특권(privilege)이라는 단어를 쪼개 보면 Priv(개인, 분리된)

와 lege(합법적인 Legal)로 구성되어 있다. 특권이라는 단어의 원뜻에 따라 '일의 특권'을 해석해 보면 자기만의 법으로 자기 일을 하는 것이다. 따라서 자기 일을 하는 데 있어서 다른 이들의 간섭, 지시, 경쟁에도 구속되지 않는다. 물론 이 말이 제멋대로 한다는 뜻은 아니다. 일반적인 일에서도 탁월함을 뛰어넘어 일하는 사람의 '자기다움'이 나타나야 한다는 뜻이다. 브랜드에서는 이것을 '자기다움으로 남과 다름'이라고 말하며, 차별화의 기원이라고 한다.

일은 자신이 누구인지를 아는 유일한 방법 중 하나다. 또한 '자기다움'을 구축할 수 있는 최적의 방법이다. 자기 일을 돈으로 한 달마다 환전하는 사람은 자기 영혼을 일로 닳게 하는 사람이다.

'자기다움'은 '우리다움'을 지향해야 한다. 만약 당신이 '자기다움'을 '우리다움'의 반대로 생각했다면 그것은 잘못된 생각이다. 기업의 '우리다움'이라는 커다란 방향성을 '자기다움'으로 더욱 강화시키는 것이 조직에서 구축하는 '자기다움'이다. 이것을 브랜드에서는 '브랜드십'이라고 말한다. 예를 들어 애플에서는 구글다운 직원을 뽑을까? 아니면 IBM과 같은 직원을 뽑을까? 만약에 구글과 IBM스러운 직원이 애플에 다니면 둘 다

'자기다움'은 '우리다움'을 지향해야 한다. 만약 당신이
'자기다움'을 '우리다움'의 반대로 생각했다면 그것은 잘못된 생각이다.
기업의 '우리다움'이라는 커다란 방향성을 '자기다움'으로
더욱 강화시키는 것이 조직에서 구축하는 '자기다움'이다.

행복할까? '우리다움'이라는 전체에서 '자기다움'이라는 부분을 이해하고, '자기다움'이라는 전체에서 '우리다움'이라는 부분(전체가 아니다)을 이해하는 것이 중요하다.

피터 드러커는 "기업의 목적은 기업 외부에 있다. 기업도 사회의 한 기관이기 때문에 기업의 목적은 사회에 있어야 한다. 기업의 목적은 고객을 창조하는 것이다"고 말했다. 이 말에 빗대어 나는 이렇게 말하고 싶다. "사람의 목적은 자기 밖에 있다. 사람도 사회의 구성원이기 때문에 사람의 목적은 사회에 있어야 한다. 사람의 목적은 가치를 창조하는 것이다."

'관계'에 의해서 '자기다움'이 결정된다고 말하면 지금까지 말한 내용과 다른 것 같아서 잠시 혼돈스러울 것이다. 그러나 관계는 '우리다움'을 통해 '자기다움'을 완성하는 필요충분조건이다. 예를 든다면 프로 축구 선수들이 개인적으로 기량을 앞세워서 자신의 가치를 올리지만 일단 게임에 들어가면 협력하여 공동의 목적을 달성하는 조직원으로 변해야 한다. 그 과정에서 우리다움과 자기다움이 극대화된다.

오직 자기 의지, 성향 그리고 계획만으로 자기다움을 구축하는 것은 같은 인간이지만 좌우를 분별하지 못하는 어린아이에 불과하다. 그야말로 생떼를 쓰는 자기다움(본능에 가까운)만이 존재한다. 인간은 관계를 통해서 완성된다. 따라서 자기다움은 우리다움으로 완성해야 한다.

마케팅의 구루라고 불리는 필립 코틀러는 최근 자신의 저서 ≪마켓 3.0≫에서 영혼이 있는 기업이 되기 위한 기업의 세 번째 신조로서 "가치를 명확히 천명하고 그것을 절대로 포기하지 말라"고 당부했다. 왜 그럴까? 그것을 포기하면 기업이 사라지기 때문이다. 기업은 이윤을 추구하는 조직인데 가치를 천명한다면 도대체 그것은 기업일까, 종교단체일까?

'인간의 정신에 영감을 불어넣고 더욱 풍요롭게 한다. 이를 위해 이웃에 정성을 다한다.' 이 말은 누가 한 것일까? 한국에 런칭한 지 10년이 넘은 '스타벅스'의 사명이다. 이들의 사명에서 자기다움과 우리다움이 이루는 가치의 합일점을 볼 수 있다.

이처럼 '자기다움'의 궁극적인 목표는 자기 외부에 있는 '우리다움'을 이루는 데 있다. 따라서 '자기다움'을 구축하려는 사람은 이 질문에 대답해야 한다. '나의 자기다움은 우리다움을 이루는 어떤 가치로 구축돼야 하는가? 우리다움의 구축으로 나의 자기다움은 어떻게 완성되어야 하는가?' 자기다움의 시작과 수정은 바로 이 질문에 대답하는 데서 시작되어야 한다.

밤에 있는 새벽 시간

 감사의 마음으로 하루 동안에 일어난 모든 일을 점검하는 것은, 마치 신의 관점으로 나의 삶을 돌아보는 것과 같다. 나는 감사를 시작하면 산 밑에서 열심히 일하던 내가 갑자기 산 위로 올라가는 느낌이 든다. 그저 산 밑에서 거대한 나무와 숲만 보고 있다가 감사를 하면서 시야가 넓어지고 나를 둘러싼 환경이 이해되며 비로소 나의 위치를 파악할 수 있게 된다.

 그래서 감사는 평범한 일상에서 특별한 기적을 찾는 일종의 훈련이다. 감사하게 되면 당장 이해되지 않고, 나쁜 감정이 남아 있던 것들조차 피하고 싶은 대상이 아닌 '자기다움'을 완성하는 과정의 한 부분으로 보인다. 그래서 이해가 되고 용서할 수 있다. 경쟁은 자신의 부족을 생각나게 하지만 감사는 자신에게 있는 것을 누리게 한다.

 무엇보다 감사는 '자기다움'을 이해하고 독려해서 더욱 단단하게 만드는 접착제 같은 역할을 한다. 그래서 나는 밤의 감사하는 시간을 내일 새벽 시간을 준비하는 기도 시간이라고 말한다.

감사가 자기다움을 독려하고 완성하도록 하기 위해 나는 책상 옆에 '감사노트'를 두고 매일 감사한 것들을 적는다. 일주일에 한 번 정도는 한 주간 동안 있었던 감사의 제목을 확인하면 좋다. 나는 이것을 '주말 집중반'이라고 하는데 오직 혼자가 되어서 그동안 읽었던 책, 생각, 감사 제목들을 하나의 노트에 그대로 적는 시간이다. 컴퓨터의 조각 모음과 같은 기능으로 다시 한 번 자기다움에 관한 생각을 압축한다.

특별히 주중에 있었던 감사의 제목을 정리하는 시간은 마치 실에 구슬을 끼워 넣는 일과 같다. 사람은 미래를 예측할 수 없지만, 과거를 돌아봄으로 자신의 운명과 소명이 어디로 흘러가는지를 알 수 있다. 자신이 가장 많이 감사하는 제목들은 자기다움을 이루는 구심축이 된다. 이런 감사의 제목들을 정리하면서 동시에 자기만의 사전을 만들어야 한다.

나는 주말에 가장 많은 시간을 자기다움 사전을 작성하는데 할애한다. '자기다움'을 이해하기 위해서 자신이 가장 많이 사용하는 단어를 자기답게 새롭게 재정의하는 시간을 갖는 것이다. 예를 들어 '신뢰란 다른 대안을 가지고 있지 않은 것. 신뢰는 오랜 시간을 걸쳐 만들지만 가장 쉽게 깨진다'고 쓰는 것이다. 자기다움의 사전은 사전적 용어 정의에 따라 자기 생각이 일반화되는 것을 막아 준다. 무엇보다 '자기다움'을 구축하는 데 있어 기존 단어에 나만의 어원을 더하여 자기다운 생각을 할 수 있게 한다.

지금까지 살펴본 모든 방법들은 자기다움을 얻기 위한 창의성을 촉발하기 위함이다. 다른 사람들이 살아가는 방법으로 사는 것이 아니라 나만의 방법으로 나를 알아 가며 살 수 있도록 돕기 위함이다. 이 모든 프로그램은 나를 나답게 만들기 위한 창의성의 유도 장치다. 따라서 당신은 내가 사례로 제안한 것을 그대로 적용할 게 아니라 당신의 '자기다움'에 맞추어 또 다른 자기다움의 방식을 찾아야만 한다.

'자기다움'의 연기 수업

자기다움을 찾는 방법 중 가장 위험한 것은 시쳇말로 '일단 당기는(?) 것'을 하는 것이다. 이것이 위험한 이유는 처음에는 당겼어도 시간이 지나서 당기지 않게 된다면, 그야말로 그 모든 것이 '땡'이 되기 때문이다. '인생을 마감하다'라는 의미로 '종을 친다'는 것을 '땡친다'고 하지 않던가. 이런 땡치는 인생은 땡처리(재고처분) 인생이다. 자신이 가지고 있는 값진 가치를 값싸게 팔아서 부족한 부분을 메우는 삶이다.

그렇다면 여러 성격, 성향 테스트나 강점 분석 도구로 자기다움을 발견할 수 있을까? 그런 도구는 몇 가지 질문을 통해 알게 된 자신의 애매한 단면을 조합해 장점과 약점을 파악하고, 이것을 바탕으로 다른 사람들과 구별되어 보이는 평가표의 형태로 보여 준다. 하지만 그것이 진짜 자기 자신이라고 믿는 사람은 별로 없다. 대부분의 성향 및 강점 테스트들은 우리에게 특별하고 잠재된 놀라운 강점이 있다고 말해 주지만, 이상하게도 일을 할 때는 그런 특별함이 나타나지 않는 것처럼 느껴진다. 바로 이 점 때문에 우리는 그런 테스트의 결과를 신뢰하지 못한다.

일단 우리나라 사람들은 스스로가 특별하다는 것을 믿으려 하지 않는다. 우리나라 교육은 자신의 특별함을 찾기보다는 특별한 스펙을 '쌓는' 일에 집중하게 만든다. 대부분의 사람들은 똑같은 지식을 주입 받으며 마치 디스크를 포맷하는 것처럼 자신의 특별함을 수십 년 동안 계속 포맷시켜 왔다. 그래서 자기에게 남은 자기다움을 찾기란 쉽지 않다.

성인일수록 아무리 워크숍을 통해 집중 교육을 해도 자신에게 묻혀 있는 그 무엇을 찾아내기란 거의 불가능하다. 그렇다고 무작정 자신을 찾아보겠다고 여행을 떠나라는 이야기는 '절대' 아니다. 자신을 모르는 채로 무조건 떠나는 여행은 어설픈 관광만 하다가 끝나기 십상이다.

먼저 현재 자신의 아이덴티티를 파악하지 못하는 자신의 상황을 인식하는 시작점을 찾아보자. 지금의 교육은 사회의 구성원이 되기 위한 '자격 조건'을 갖추도록 독려해 왔다. (어찌 보면 긁어 부스럼을 만드는) '자아 발견' 따위는 예전에 일찌감치 포기하게 만들었다. 따라서 자기다움을 구축하기가 매우 어렵다. 그러나 어려워도 자기다움을 반드시 구축해야 한다.

내면으로부터 자신을 찾는 것이 매우 어렵다는 것을 인정할 때 자기다움을 구축하는 것이 오히려 쉬워질 수 있다. 바로 자신의 내부가 아니라 외부에서 찾는 것이다. 어떻게 자신의 특별함을 외부에서 찾을 수 있을까? '자기다움'을 업데이트하는 방법 중 하나로 연예인처럼 살아가는 것이 있다.

연예인과 비교되는 단어로 일반인이라는 단어를 사용한다. 일반인에 관한 국어사전의 정의는 이렇다. '특별한 지위나 신분에 있지 않고 또 어떤 분야에 전문적인 지식을 가지지 않은 보통의 성인 남녀, 특정한 일에 지정되지 않은 사람.' 브랜드 관점에서 일반인은 그저 가격에 의해서 결정되는 '상품'이다. 그렇다면 연예인은 특별한 사람일까?

방송 오락 프로그램에서 활동하는 사람을 연예인이라고 통칭하면서 연예인의 본뜻이 많이 왜곡되었다. 연예(演藝)는 사실 매우 에너지가 넘치는 단어다. 연(演)은 '흐를 연'으로서 널리 퍼지고, 스며 흐르며, 기가 통하고, 윤택하게 만들고, 익히고 학습한다는 뜻이 있다. 예(藝)는 '재주 예'로서 기예, 재능, 학문, 씨를 뿌림, 궁극이라는 뜻을 가진 단어다. 연예인을 한자의 뜻대로 정의하면 재능을 흘려보내는 사람 혹은 배운 학문을 나누어 주는 사람이다. 방송인도 공중파를 통해 자신의 재주를 모든 사람에게 보여 준다는 의미에서 연예인이라고 말할 수 있지만, 단순히 인기몰이식의 광대를 연예인이라고 부르기에는 그 단어가 아깝다.

예를 들어, 만일 당신이 현재 출판사에서 근무하는 지극히 평범한 영업사원이라면, 이제부터는 사원이 아닌 주연 배우가 되어 영업사원 역할을 하는 것이다. 당신은 자기 인생의 작가와 감독이 되어 주연 배우에 걸맞은 미션과 상황을 설정해야 한다.

말을 섞고 싶지 않은 직속 상사가 있고 지옥 같은 직장 생활을 하고 있다면, 먼저 이 문제를 풀기 위해 영화 제목처럼 프로

말을 섞고 싶지 않은 직속 상사가 있고
지옥 같은 직장 생활을 하고 있다면, 먼저 이 문제를 풀기 위해 영화 제
목처럼 프로젝트명을 만들어 보자. '회색 전쟁'이라고 이름을 붙였다면
그다음부터 이것을 해피엔딩 스토리로 만들어보고
극중 인물(일상의 자신)을 극화시켜 보자.

젝트명을 만들어 보자. '회색 전쟁'이라고 이름을 붙였다면 그 다음부터 이것을 해피엔딩 스토리로 만들어보고 극중 인물(일상의 자신)을 극화시켜 보자.

만약에 당신이 '조성하'라는 사람이라면 자신의 아이디어 노트 앞에 '조성하'라는 캐릭터를 구체화시켜 주연으로 만든다.

주연 : 조성하(31)
궁금한 것을 참지 못하고, 뭔가를 발견하면 끝까지 쫓아가서 반드시 알아내는 성격. 불의를 참지 못하고 항상 옳은 것만을 주장하는 사람. 수백만 원짜리 양복은 없지만 수백만 원대의 디지털 장비는 구입하고야 마는 가제트. 현재 자신을 해고하려는 직장상사인 강서연(46)을 자신의 편으로 만들고, 그가 진행하는 프로젝트A(상반기 정기 구독 매출 달성)를 성공적으로 수행하려는 이 드라마의 주인공.

과연 이런 설정에 놓인 캐릭터는 어떤 방식으로 일을 풀어내야 할까? 자신의 일상을 드라마로 촬영해서 영화를 만들거나 다큐멘터리를 찍는다고 하면 어떤 시나리오가 필요할까? 그 시나리오에서 주인공은 어떻게 생각하고 행동해야 할까?

독자의 이름 앞에 주연이라는 배역을 스스로 주고 캐릭터를 만들어 보면 그 순간부터 주변이 달라지는 것을 순간적으로 느끼게 된다. 모두 나를 중심으로 돌아가는 것을 느끼며 주변인들을 의식하는 동시에 좀 더 프로답고 전문가다운 행동을 하게 될지도 모른다(혼자 있을 때와는 전혀 다른). 그 이유는 주연은 조연을 의식하지 않기 때문이다. 상사를 의식해서 자기다움으로 일하지 않는다면 당신은 아직도 조연이다. 주연 배우가 의식하는 것은 오직 카메라다. 주연은 자신을 찍고 있는 카메라를 의식하면서 행동한다. 자신을 일상의 주인공으로 만드는 그 카메라의 실체가 바로 자신을 특별하게 만드는 '자기다움'일 때 더 효과적이다. 영화나 드라마에서 배우들이 실제로 회사에서 일하는 사람처럼 연기하는 장면이 있다. 놀라운 것은 배우가 엑스트라로 출연한 실제 직장인보다 더 직장인답게 그 역할을 소화한다는 점이다. 그런 장면을 보면 누가 배우이고 직장인인지가 헷갈릴 정도다.

'자기다움'을 근거로 시나리오를 직접 써 보자. 자기다움을 근거로 해서 새롭게 업데이트된 생각과 행동을 할 때, 놀랍게도 시나리오가 바뀌는 것을 체험하게 될 것이다.

메소드 액팅(Method Acting)은 '연기 몰입'을 뜻하는데, 배우가 자신을 스스로 극중 인물과 동일시하며 극사실주의적 연기를 하는 것을 말한다. 연기에서 정서 회상(emotional recall)은 극중 인물의 감정과 동일시하기 위해서 자신의 과거 경험을 깊이 탐색하여 동기화시키는 것을 말한다. 메소드 액팅은 시나리오에 충실하기보다 극중 인물과 하나가 되어서 나오는 애드리브에 더 많이 집중한다. 배우는 '극중 인물이 진정으로 원하는 것은 무엇인가'를 자문하면서 배우 내면에서 나오는 대답을 연구한다. 가장 대표적인 메소드 액팅 연기자들로 더스틴 호프만, 알 파치노, 로버트 드 니로, 앤서니 퀸 등이 있다(참고로 극중 인물에 너무 몰입해서 촬영이 끝난 뒤에도 일상으로 돌아오지 못하는 배우들도 있다).

나도 직장에서 메소드 액팅을 활용해 일한 적이 있다. 방법은 간단하다. 먼저 '브랜드 컨설팅사의 대표이사'라는 직함 대신 이름 앞에 '전략적 셰르파(Strategic Sherpa)'라고 붙였다. 명함을 건네받은 사람은 도대체 무엇을 하는 사람이냐고 묻고, 그때부터 나의 일과 강점을 소개하는데 족히 10여 분을 소요한다.

셰르파란 히말라야 산악 등반인을 말하는데 이들은 해발 6,000m에 있는 베이스캠프까지 산악인들을 안내한다. 단순한 가이드 차원을 넘어 전반적인 준비 상황, 등정 루트 선정, 정상 등반 시간의 최종 설정 등 모든 것에 대해 조언한다. 이들이 등반의 성공을 보장하는 것은 아니지만, 히말라야에서 셰르파라는 명함(?)을 가지고 있으려면 거의 목숨을 거는 수준이어야 한다.

컨설턴트 역시 진짜 컨설턴트라면 히말라야 등반(성공)을 돕는 셰르파처럼 어느 정도 성공을 보장해야 한다. 차원이 다른 지식을 가지고 있어야 한다고 생각했기에, 부담스러운 짐을 짊어졌지만 의미 있는, 노련한 셰르파가 되고 싶었다. 컨설턴트와 셰르파 사이에서 메소드 액팅을 하면서 당시 컨설턴트로서 클라이언트를 대하던 필자의 태도는 과거에 비해 많이 바뀌었다.

반면 이와 정반대인 사람들도 있다. 바로 립싱크(Lip Sync) 가수들이다. 녹음 테이프를 틀어 놓고 노래를 부르는 척 입만 벙긋거리는 이들은 회사에도 있다. 어떤 직장인일까? 립싱크 가수들은 자신을 가수라고 칭하지만 사실 그들은 댄서에 가깝다. 기업과 CEO를 위해서 일하는 사람들은 회사가 지시하는 업무량보다 적게, 월급보다 적게 일하는 것이 행복하다고 생각한다. 받은 것보다 적게 일하는 곳이 신의 직장이라고 착각하기 때문이다. 자신이 기업을 상대로 뭔가를 더 얻어 내어 이겼

권 민
Kwon Min

| Strategic Sherpa |

나도 직장에서 메소드 액팅을 활용해 일한 적이 있다. 방법은 간단하다. 먼저 '브랜드 컨설팅사의 대표이사'라는 직함 대신 이름 앞에 '전략적 셰르파(Strategic Sherpa)'라고 붙였다. 명함을 건네받은 사람은 도대체 무엇을 하는 사람이냐고 묻고, 그때부터 나의 일과 강점을 소개하는데 족히 10여 분을 소요한다.

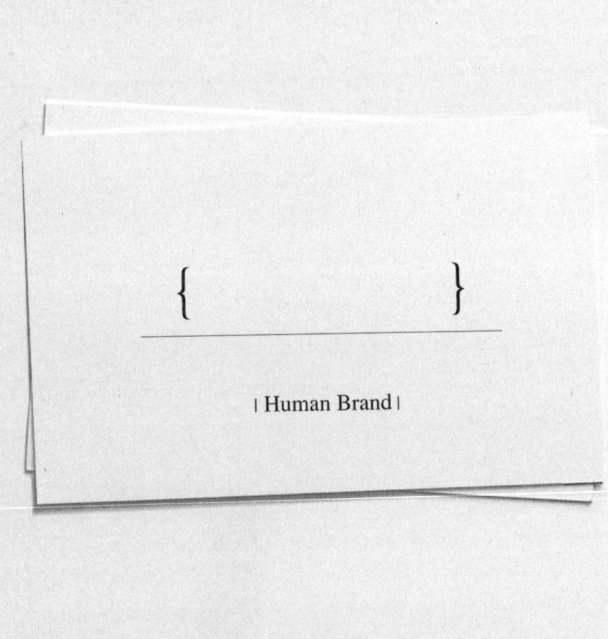

다고 생각하지만 실상은 지고 있는 것이다. 만족한 그들은 배부른 돼지가 되어 시스템 속에 소멸하고 있다는 것을 인식하지 못한다.

노래를 부르는 시늉만 하는 립싱크 가수나 일하는 척하는 워크싱크(Work Sync) 직장인들이나 다를 것이 없다. 회사에서 주는 일은 회사가 돈을 벌기 위해 할당된 일이다. 그것을 수행한다고 자기다움과 자기만의 특별함이 완성되는 것은 아니다. 따라서 '자기다움'을 추구한다면 직장에서 주는 일, 그 이상의 것을 해야 한다. 물론 일을 더 많이 하라는 것이 아니다. 직장에서 하는 일은 생계를 위한 일이 아니라 자신이 추구하는 일의 결과물 중 하나가 되어야 한다는 뜻이다.

직장은 '우리다움'을 추구하고 있지만 '자기다움'을 이해하거나 개별적으로 존중해 주지는 못한다. 직장은 계약의 관계에서는 결코 자기다움을 이루는 희생과 헌신을 요구하지 못한다. 자신이 직접 쓴 시나리오를 연기해야만 조연이 되지 않는다.

5

자기다워진다는것은

별자리를 만들기 위해서 밤하늘의 별과 별을 손으로 그어 연결하지만, 그 거리는 우리가 상상도 못하는 몇 백만 광년이다. 고대인들은 그런 별들을 연결해 이야기를 만들었다. 이것처럼 자신의 일들을 연결해서 이야기를 만들어야 한다.

기원(Origin)과 시작(Begin)을 이해하는 것

자기다움에 관한 가장 오래된 말 중 하나는 2400년 전에 아리스토텔레스가 한 말이다. "당신의 진정한 모습은 당신이 반복적으로 행하는 행위의 축적물이다. 탁월함은 하나의 사건이 아니라 습성이다." 이 말은 오늘날에도 여전히 살아 있고 운동력이 있다.

고인이 된 더바디샵(THE BODY SHOP)의 창업자 아니타 로딕(Anita Roddick)은 브랜드의 자기다움에 대해서 이렇게 말했다. "우리가 비즈니스를 하는 방식, 우리가 제품을 만드는 방식, 우리가 원료를 공급 받는 방식, 우리가 소중하게 생각하는 가치가 있기 때문에 우리는 그들과 다른 것입니다." 폴 발레리(Paul Valery)라는 프랑스 시인은 "생각하는 대로 살지 않는다면 사는 대로 생각하게 된다"고 말했다.

이 세 사람이 하는 이야기를 듣고 있노라면 마치 소프라노, 알토 그리고 테너가 화음을 넣어서 '자기다움은 아름다움'이라 합창하는 것 같다. 하지만 베이스가 빠져 있다. 이 합창의 베이스격인 '다중지능이론'의 창시자 하워드 가드너와 인터뷰한 내용을 소개하겠다. "인간도 브랜드가 될 수 있다는 것은 새롭고 재미있는 개념이다. 수많은 사람 중에서도 개성이 넘치고 영향력이 있는 사람들은 브랜드라고 볼 수 있다. 실제로 최근 몇 십 년 동안 패션 디자이너들뿐만 아니라 각 분야의 명사들이 브랜드가 되는 경우를 보아 왔다. 그래서 80~90년 전의 인물인 샤넬(Chanel)과 올레그 카시니(Oleg Cassini), 마이클 조던 같은 농구 선수나 마돈나 같은 유명인사들이 그 분야에서 고유한 브랜드가 되었다. 일반적으로 휴먼 브랜드가 되기 위한 조건으로 능력(타고난 자질), 태도(하고자 하는 마음가짐, 열정, 성실성 등), 사고방식(긍정적 사고방식, 긍정적인 사회적 영향력)의 세 가지를 뽑은 것에 대한 내 생각은 타당하다고 생각한다. 분명히 어느 정도의 '자질이나 능력'은 브랜드가 되는 데 필요한 요소들이다. 마릴린 먼로(Marilyn Monroe)도 그녀만의 특별한 자질을 가졌기에 브랜드가 될 수 있었다고 생각한다. 또한 '태도'가 열정이나 성실성을 의미한다면 그 역시 꼭 필요한 요소다. 독할 필요가 있다는 것이다. 마지막 요소인 '사고방식' 또한 중요한 요소임에 틀림없다. 만약 '브랜드'라는 단어를 단지 유명하다고 해서 붙일 수 있다면, '브랜드'라는 단어 자체의 의미가 없어진다. 예를 들어 미국의 조지 부시(George Bush)

대통령은 많이 알려져 있지만 브랜드가 될 수는 없다고 생각한다. 브랜드는 그 자신만의 영역에서 차별적인 생각과 행동이 있어야 하며, 동시에 그 생각과 행동은 '조화(ensemble)'를 이루어야 하기 때문이다(철학과 행동의 일치성). 오프라 윈프리(Oprah Winfrey)는 그 조화를 갖추고 있기에 보증된 브랜드가 된 대표적인 예라고 할 수 있다. 따라서 네 번째로 휴먼 브랜드가 갖추어야 할 중요 요소는 '자신만의 독특한 사고와 행동의 조화'다. 물론 특출난 자질을 타고나지 못했다 하더라도 브랜드가 될 수 있다고 생각한다. 다만 그 사람은 자신을 더욱 훈련시키고, 그것을 대중에게 잘 해석해서 보여 주어야 한다. 휴먼 브랜드가 되기 위해서는 오히려 휴먼 브랜드가 되기 위해 노력하기보다 지금 맡은 일에 최선을 다해야 한다. 그러면 자연스럽게 성공하게 될 것이다. 그때 브랜드가 될 것인지의 여부를 선택하면 된다. 단순히 브랜드가 되기 위한 노력은 완벽한 실패를 야기할 수도 있다."

사람의 자기다움이 브랜드의 아이덴티티가 되는 일련의 과정을 하워드 가드너는 설명해 주고 있다. 《초우량 기업의 조건》의 저자이자 경영학자인 톰 피터스 역시 영향력 있는 삶의 방법으로 휴먼 브랜드가 되라고 한다. 그가 제안하는 휴먼 브랜드

"휴먼 브랜드가 되기 위해서는 오히려 휴먼 브랜드가 되기 위해
노력하기보다 지금 맡은 일에 최선을 다해야 한다.
그러면 자연스럽게 성공하게 될 것이다. 그때 브랜드가 될 것인지의
여부를 선택하면 된다. 단순히 브랜드가 되기 위한 노력은
완벽한 실패를 야기할 수도 있다."

구축 방법은 매우 간단하다. 일명 '더 브랜드 유'(The Brand You/ 바로 내가 브랜드다)다. 그는 이렇게 말한다. "당신의 이름을 브랜드라고 생각하고 당신의 일을 프로젝트로 바꿔라." 일을 일로서 하지 말고 놀라운 '프로젝트'로 바꿔서 일하면 휴먼 브랜드가 된다는 것이 그의 주장의 핵심이다. 일을 나를 나 되게 만드는 일종의 삶의 프로젝트로 바꾸라는 것이다. 생계를 위해서가 아니라 나답게 만드는 프로젝트로서 일하라는 것이다.

이들의 이야기를 종합하면 '차별적인 생각을 하면서 진행하는 반복적 행위의 조화로 말미암아 사람은 브랜드가 될 수 있다.' 즉 자기다움으로 남과 다를 수 있다는 이야기다. 그 기원이 자기다움이라면, 시작은 남과 다르다는 것이다.

이 책의 초고를 본 에디터가 이런 질문을 했다. 먹고살기도 바쁜데 꼭 이렇게 해야만 할까? 여기까지 읽은 어떤 독자들은 이 책을 처세술 혹은 자기 경영책으로 여길 수 있다. 하지만 나는 이 책을 '브랜드 전략'의 관점에서 썼다. 아마 브랜드 관련 분야에서 일하고 있는 사람이라면 이 책이 브랜드의 진화 과정인 Commodity, Identity 그리고 Ideology 프로세스를 차용해서 쓴 것임을 눈치 챘을 것이다. 브랜드의 궁극의 목적은 '자기다움으로 남과 다름'이며 대체되지 않는 무엇이 되는 것이다.

'자기다움'은 당장 '먹고사는 기술'도 아니고 생활의 여유가 있는 사람이 '도를 닦는 것'도 아니다. '자기다움'은 그 누군가에 의해서 대체되지 않으며, 존엄하고, 생명력 있으며, 여러 명 중에 하나가 아닌 오직 한 명으로서 자신의 삶을 주도적으로 사는 것을 뜻한다.

질문에 대답할 수 있는 것

나는 새벽에 스스로 질문을 하고 저녁에 답했으며 주말에는 선언문을 작성했다. 새벽마다 나에게 한 질문은 스스로 존재감을 인식할 수 있는 '자기다움'이란 무엇인가였다. 그 질문에 답하기 위해서 하루를 보내고 저녁에는 책상에 앉아서 그렇게 살지 못한 이유를 스스로에게 설명, 변명하거나 해명을 했다. 그렇게 살았던 내용을 주말에 정리하면서 다음주는 이렇게 살아야 한다는 선언문을 다시 작성했다. 그런 선언문은 한 달이 지나면 다시 고치고 또 정리했다. 그렇게 1년을 보내면서 나에 대해 두 가지를 알게 되었다. '정말 형편없는 나'와 '내일은 더 잘할 수 있을 것 같은 나'이다. 이 둘 중에 누구를 택할 것인가는 내 몫이다. 만약 소설이라는 형태로 여러 명의 캐릭터를 만들어 보면 자기 안에 참으로 많은 캐릭터가 있음을 알게 된다. 자신에게 질문하고 대답하고 선언문을 작성하는 것은 자기 안에 있는 캐릭터를 찾는 데 도움이 된다. 가장 자기다운 캐릭터를 찾는 데서부터 자기다움이 시작된다.

얼핏 보면 자기다움을 구축하는 이 과정이 거북하게 과장되고 거창한 것처럼 보일 수 있다. 자기가 대단한 사람처럼 보여서 쑥스럽고 부끄러울 수도 있다. 하지만 원래 이 훈련의 의도가 자신을 위인처럼 대하는 것이다. 그 누가 나에게 '새벽마다 일찍 출근하는 가치는 무엇인가요?'라고 질문을 할까. 누가 나에게 '브랜드를 통하여 새로운 생태계 시장을 만들 수 있다는 인사이트는 어디서 나왔나요?'라고 질문하겠는가. 질문의 수준이 바로 당신의 수준이다.

질문의 수준을 더 높여 보자. 창조주가 나에게 질문을 한다면 무엇을 묻고 싶어 할까? 나와 내가 하는 일에 대해서 창조주가 물어 보아도 대답할 수 있다면 '자기다움'을 갖춘 것일까? 예리한 질문이 중요한 것이 아니라 세상과 나 자신이 공감할 만한 대답이 중요하다. 자기다워지는 것은 어떤 질문도 두려워하지 않는 것이다. 어떤 질문은 대답보다 더 가치가 있다. 그래서 나는 최고의 답변이 아니라 최고의 질문을 찾기 위해 새벽마다 생각한다.

침묵을 견딜 수 있는 것

열띤 회의를 하다가 갑자기 대화가 중단될 때가 있다. 굳이 할 말이 없을 때 가장 힘든 것은 계속 침묵을 유지할 때다. 어느 누구도 어색한 1분의 침묵을 견디지 못한다. 최근에 휴대폰을 끄고 하루를 보낸 적이 있는가? 언제부터 그런 상황이 불가능해졌을까? 최근 지하철에서 책을 읽고 있는 사람을 본 적이 있는가? 휴대폰을 만지작거리는 사람의 대부분은 문자, 고스톱 그리고 게임을 하고 있다. 사람들은 시간이 정지된 상황을 참을 수 없어 한다.

세상은 생각하지 않고 살아갈 수 있도록 나날이 발전하고 있다. 진짜 친구보다 인터넷 친구들이 많고 댓글이 많으면 진정한 우정을 가지고 있다고 착각하게 한다. 경기는 어려워지고 일자리는 줄어들어서 청년들의 목표는 오직 취업이 되었다. 문제는 로또 1등 당첨 확률이 1/8,145,060임에도 불구하고 매주 1등이 나오는 것처럼, 이런 와중에도 환경에 잘 적응해서 나름

대로 행복하게 사는 사람들이 있다는 점이다.

매일 바쁘게 돌아가는 일상에서 잠시 멈춰서 생각하는 것은 무슨 의미가 있을까? 침묵(Silence)은 고독(Solitude)과는 별개의 영역으로서 고독이 감정의 몰입이라면 침묵은 이성의 명상이다. 만약 고독이 인간적이라면 침묵은 신(神)적이라고 말할 수 있다. 그리고 고독이 외부와의 단절이라면 침묵은 내부에서의 독립이라고 말할 수 있다. 자의적 행동인 침묵은 내면의 심연으로 잠수해 들어가기 위해 숨을 들이마시는 것과 같다. 그래서 우리가 침묵 속에서 우리의 심장박동 소리를 듣게 된다면 현대인이 결코 가기 어려운 '절대 침묵'으로 들어간 것이다. 이런 침묵을 통하여 우리가 배우는 것은 '절대'의 영역이다.

생명, 죽음, 신앙, 자아, 존재, 허무 등 침묵을 통해서 우리가 느끼는 범위들은 일상의 시간에서는 전혀 감지할 수 없는 고주파 대역이다. 외부와 단절하고 내면의 세계로 가기 위한, 시계 소리조차 들리지 않는 새벽이야말로 침묵을 위한 가장 적합한 시간이다. 그래서 새벽마다 내면의 세계에서 들려오는 침묵의 외침에 귀 기울여야 한다.

사람들은 자신이 '고독'하다고 느껴지면 계속 의지할 대상을 찾거나 다른 사람과 끊임없이 비교하면서 더욱 큰 괴로움의 파

고독이 외부와의 단절이라면 침묵은 내부에서의 독립이라고
말할 수 있다. 자의적 행동인 침묵은 내면의 심연으로 잠수해 들어가
기 위해 숨을 들이마시는 것과 같다. 그래서 우리가 침묵 속에서
우리의 심장박동 소리를 듣게 된다면
현대인이 결코 가기 어려운 '절대 침묵'으로 들어간 것이다.

도에 휩쓸려 들어간다. 갑자기 가진 것이 없는 것처럼 느껴지면서 혼자 남아 있다는 불길한 감정에 함몰되는 것이다.

토머스 무어는 "가장 깊은 감정은 항상 침묵 속에 있다"고 말했다. 가장 깊은 감정의 실체에 대해서 우리는 진지하게 바라볼 필요가 있다. 그런데 만약 우리 안에 가치와 목적이 없는 상태에서 침묵을 가지게 되면 좌절의 늪에 빠지고 말 것이다. 왜냐하면 침묵을 통해서 내가 누구인가를 발견하게 되기 때문이다. 내가 누구인가를 알게 되는 순간 내면 깊은 곳에서부터 밀려오는 슬픔, 현재에 대한 불만, 자신에 대한 불안감으로 침묵은 갑자기 절대 고독으로 변질되어 버린다. 이런 변질을 막기 위해서는 '가치 기준'이 필요한데, 이것은 세상 사람들의 기준에 빠지지 않게 하는 하나의 정지선 역할을 해준다.

나는 침묵을 배우기 위해서 새벽에 일어난다. 일상에서는 전혀 침묵할 수 없는 직업을 가졌기에 적응하기 위해 새벽에 일어난다. 텅 빈 사무실에 먼저 나와서 의도적으로 무엇인가를 생각하지 않고 조용한 시간을 가진다. 처음에는 5분을 견디기 어려웠지만, 점점 침묵으로 잠수하는 시간을 늘려 갔다. 내면의 심연까지 내려갔을 때 나는 비로소 인터넷에서는 찾을 수 없는 것들을 발견하게 되었다. 바로 '영혼'이었다.

새벽 3시마다 일어나는 새벽 거인인 마더 테레사는 침묵에 대해서 이렇게 말했다.

"우리는 하나님을 찾아야 하는데 그분은 시끄럽고 불안정한 상태에서는 만날 수 없다. 자연, 곧 나무들과 꽃들과 풀들이 고요함 속에서 어떻게 자라나는지 보라. 해와 달과 별들이 고요 속에서 어떻게 운행하는지 보라."

고든 맥도날드는 《내면세계의 질서와 영적 성장》이라는 책에서 "우리 영혼을 울리려면 침묵이 필요하다"고 말했다. 특히 탈무드에 적혀 있는 '침묵'이 나의 깊은 곳을 울렸다.

"항상 침묵 속에 있는 사람은 신에 가까이 가기가 쉽다. 그러니 행동이 가벼운 사람은 쓸데없이 입을 놀리고, 곧바로 고독과 초조함을 느낀다. 후회할 일을 삼가려고 결심하면 진실에 다가선다. 말할 것은 하되, 불필요한 말은 삼가자. 묵묵히 자기 할 일을 해나가자. 반성과 함께 전진하자."

이처럼 침묵은 과학으로 접근하지 못하는 영의 영역을 우리에게 알려 준다. 그리고 그 영역의 깊음과 넓음을 보여 준다.

새벽 침묵 앞에서 조심해야 할 것이 있다. 침묵을 학습하거나 경험하지 않았기 때문에 드는 도저히 풀지 못할 문제와 대면한 듯한 답답함과 낯선 환경에 대한 불안감, 지루한 시간이 주는 중압감들이다. 이 낯선 경험을 견디지 못해서 이내 새벽 침묵을 포기해 버릴 수 있다. 더 심각한 것은, 훗날 다시 이런 비슷한 내면의 질문과 욕구에 직면했을 때 이때의 경험이 트라우마가 되어 다시는 진지한 침묵을 경험하지 못할 수도 있다.

새벽 침묵은 거인들의 시간이다. 모든 거인은 침묵을 통해 성장했다. 우리도 처음에는 침묵을 이기는 노력에서부터 출발하여, 그다음은 침묵과 함께하는 명상으로, 마침내 침묵을 즐기는 창조의 힘을 배워 가게 될 것이다. 침묵을 두려워하지 말자. 나를 또다시 새로운 창조물로 만드는 기적의 시간이 바로 새벽 침묵의 시간이다.

카를 힐티는 그의 저서 《잠 못 이루는 밤을 위하여》에서 "진정한 창조는 침묵 속에서 이루어진다"고 말했다. 그의 주장에 대해 100% 동감하는 이유는 나 또한 새벽 창조의 희열을 맛보았기 때문이다. 나는 새벽 침묵 안에 있는 창조력을 '집중의 힘'이라고 말하고 싶다.

우리 주변은 소음으로 가득 차 있다. 우리의 귀는 이런 소음에 무차별 공격을 당하고 있다. 물론 새벽에도 일어나서 1분만 기다리면 곧 소음을 들을 수 있다. 자동차 소리, 시계 소리, 간혹 개 짖는 소리도 들린다. 서울에 살고 있다면 좀처럼 절대 침묵을 경험하지 못할 것이다. 언젠가 호주의 시골에서 새벽에 일어나 밖으로 나와 본 적이 있다. 벌레 울음소리도 들리지 않는 절대 침묵, 그것은 우주의 고요함이었다. 장엄한 은하수를 수놓은 검푸른 하늘도 고요했다. 그때 내 안에서 무엇인가가 올라왔다. 바로 살아 있다는 아름다움이었다. 그것을 표현할 만한 적절한 단어를 아직도 찾지 못했지만, 가장 가까운 단어가 있다면 아마 '회복'일 것이다. 침묵은 고요함을 주었고, 고요함을 통해서 안식하였고 그 안식 속에서 나는 회복되었다. 마치 어머니의 자궁 안으로 다시 들어간 것처럼 새벽 침묵은 나에게 그런 평안을 주었다.

자기다움은 회의 시간에 갑자기 끊어진 대화처럼 일상에서 나를 침묵으로 끌고 간다. 하지만 그것은 두려움과 회피가 아니라 나를 더 성장시키는 충전의 시간이다.

| 나를 선택하는 것이다

지금 내가 걱정하고 있는 것은 나의 염려일까, 다른 사람의 염려일까? 다른 사람도 나와 똑같은 걱정을 하고 있다면 그것은 나의 걱정인가, 아니면 남의 걱정인가? 나의 걱정은 '자기다

움'을 위한 걱정일까, 아니면 남과 같아지지 않음을 걱정하는 것일까?

이솝 이야기 중에 낮잠을 자던 토끼가 갑자기 나무에서 떨어진 열매 때문에 깜짝 놀라서 무작정 도망간 이야기가 있다. 그 토끼 때문에 숲속의 동물들이 무작정 뛰어다녔다는 이야기다. 나는 토끼인가, 아니면 뒤에서 달리고 있는 사자인가? 사람을 움직이는 것 중에는 열정도 있지만, 걱정도 있다. 그 걱정이 누구의 걱정이냐에 따라서 다른 인생을 살게 된다.

누군가와 자기를 비교하지 않는 순간, 인생의 실패와 실수는 '과정'이 되고 부족함은 '자기다움'을 찾는 나침반이 된다. 실패라는 두려움을 버리게 되면 아주 긴 인생을 살게 되고, 단순 성공에서 온전한 성숙과 완전한 성장으로의 방향 전환이 이루어진다. 무엇보다 내가 다른 사람이 아닌 나를 위한 삶을 살게 된다. 그래서 자기다움이란 내가 나를 잘 연기하는 것이다.

잠자는 척하는 사람은 깨워도 절대 깨지 않는 것처럼, '자기다움' 없이 '남과 같음'을 추구하는 사람은 '자기다움'의 가치를 알려고 하지 않는다. 설사 그것이 자신의 존재 가치를 닳아 버리게 하더라도 '먹고살기' 위해서 인식하지 않으려 한다.

자기다움을 구축하면 그 누구에게도 절대평가와 상대평가

를 받지 않는다. 그래서 누가 보아도 틀림없는 실패임에도 나에게 그것은 실패가 아니라 성장일 뿐이다. 자기다움을 알게 되면 더 이상 성공을 위해서 속도를 낼 필요가 없다. 성공을 의식해서 남이 가진 것을 곁눈질할 필요도 없다. 오직 자기다움을 위해 끊임없이 앞으로 나아가면 된다.

자기다움을 추구함으로써 받는 보상은 남들보다 더 많은 '시간'이다. '남들처럼'이라는 기준이 사라지기 때문에 나의 시간은 오직 나만을 위해서 사용하게 된다. 현대인들이 가질 수 없는 시간을 가지게 된다. 책을 읽고, 생각을 하고, 일기를 쓰는 시간처럼 오직 '나'를 위한 시간을 갖게 된다. 인터넷, 게임, 스펙 쌓기처럼 뭔가 대세를 따르고 있다는 그런 공회전과 같은 강박관념에서 벗어날 수 있다.

의문사(疑問死)와 의문사(疑問詞)

사람의 죽음은 크게 자연사, 사고사, 자살과 타살로 구분된다. 이 네 가지에 포함되지 않은 사망 중에는 의문사(疑問死)가 있다. 말 그대로 사망 이유를 정확히 알 수 없는 죽음이다. 의학적 사망이라고 불리는 COMA는 고대 그리스어로 '깊은 잠'이라는 뜻으로 뇌사를 말한다. 그리고 안락사(安樂死)와 존엄사(尊嚴死)는 본인 및 직계 가족에 의해 고통스럽게 연명하는 목숨을 위해 치료를 중지하고 인공적인 죽음 혹은 자연적인 죽음에 이르게 하는 것이다. 만약에 자신이 죽음을 선택할 수 있다면 사람들은 어떤 죽음을 선택할까?

자살이 한국인의 사망 원인 5위 안에 있다. 우리나라의 3대 사망 원인은 암, 뇌혈관 질환, 심장질환이지만, 이것은 전 연령 통계치다. 20대의 사망 원인은 자살과 교통사고가 1, 2위를 차지한다. 다시 한 번 자신에게 질문해 보자. '과연 나는 어떤 죽음을 맞이할 것 같은가?' 과연 온전한 자연사를 맞이할 수 있을까?

사망의 기준은 '심장의 박동'이다. 평균 수명이 70세라고 한다면 심장은 27억 번 뛴다고 한다. 그런데 이 심장이 평균 200번만 뛰지 않아도 인간은 그대로 죽는다. 인간의 생사를 심장박동으로 구분할 수 있다면 죽어 가고 있는 인간의 기준은 과연 무엇일까? 나는 사람의 기억이 꿈보다 클 때 그가 죽어 가고 있다고 생각한다. 이런 생각 때문에 나는 하루에도 죽어 가는 사람을 수시로 만난다. 자신의 옛날 꿈을 기억하고 현재의 삶을 후회하는 사람, 남의 꿈을 자신의 꿈이라고 착각하면서 살고

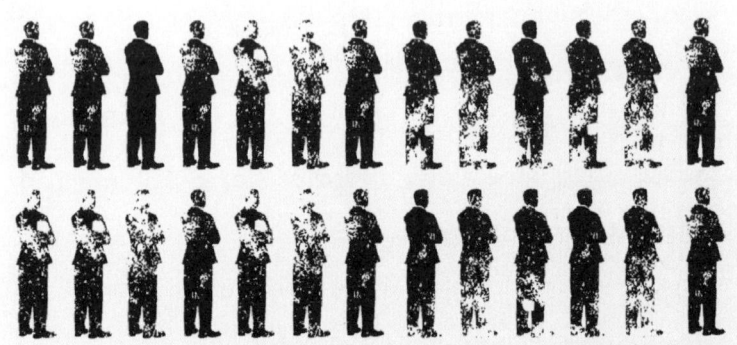

남의 꿈을 자신의 꿈이라고 착각하면서 살고 있는 사람, 화려했던
자신의 과거를 이야기하면서 현재와 미래를 허무하게 살아가는 사람.
그중에서도 영적 코마 상태라고 말할 수 있는
사람은 자신이 왜 살아야 하는지를 설명하지 못하는 사람이다.

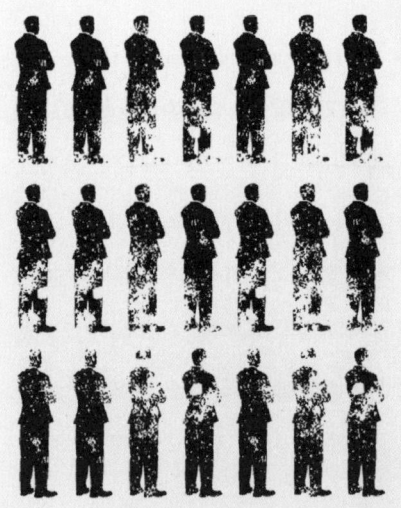

있는 사람, 화려했던 자신의 과거를 이야기하면서 현재와 미래를 허무하게 살아가는 사람. 그중에서도 영적 코마 상태라고 말할 수 있는 사람은 자신이 왜 살아야 하는지를 설명하지 못하는 사람이다. 이들은 살아야 할 가치와 이유 그리고 생존 본능이 없는 사람이다. 이미 죽은 사람이다.

생존을 증명하는 심장박동은 있지만, 존재를 증명하는 가치박동이 없다면, 그것은 자연사일까, 사고사일까, 타살일까 아니면 자살일까? '극단적 정의'라고 비판할 수도 있겠지만, 나는 자신의 '자기다움'을 설명하지 못하거나 이해 못하는 사람은 '이미 죽은 사람'이라고 생각한다. 이들의 죽음은 생존하지만 존재하지 않았다는 의미에서 일종의 의문사(疑問死)다. 이들에게 필요한 것은 뛰지 않은 심장의 '심폐 소생술'처럼 외부의 압력과 힘으로 존재의 심장을 뛰게 하는 것이다. 그것을 가능케 하는 것은 '존재 질문술'로서 '나의 자기다움은 무엇인가?'라는 의문사(疑問詞)다.

세상은 스마트하게 변하고 있다. 단추를 누르거나 혹은 명령만 해도 모든 것이 원하는 대로 움직인다. 이렇게 스마트한 세상에서 우리는 얼마나 더 스마트해졌을까? 주변이 스마트해지면 우리는 정반대로 무능해진다. 스마트폰의 기능을 잘 활용하는 것이 스마트한 것이라고 여겨지고, 마우스 클릭만으로 완성되는 인터넷 도구들을 활용하는 것을 스마트한 것이라고 말한다. 이 세상은 돌고래의 지능만으로 살아갈 수 있는 스마트한 세상이 되어 가고 있다. 그러나 인간은 '좋아요'라는 칭찬만으로도 잘 살아갈 수 있도록 길들여지고 있다. 우리는 태어나서 죽을 때까지 자신에 대해 질문하지 않고도 잘 살 수 있는 세상을 살고 있지만, 그것은 생명 유지 장치 없이는 단 하루도 살아갈 수 없도록 길들여진 상태와 다름없다. 어느 누구도 다른 사람이 생각하지 못하는 나에 관한 질문을 하지 않는다.

자기다움은 지나친 긍정적 사고가 아니다. 그렇다고 염세적인 비판도 아니다. 자기다움은 이기주의가 아니다. 자기다움은 자기중심적 해석도 아니다. 자기다움은 자신의 성공을 드러내는 것이 아니다. 자기다움은 자신의 주장을 굽히지 않는 것이 아니다.

자기다움은 누구에게 보여 주는 것이 아니라 자신에게 질문하고 대답할 수 있는 상태를 말한다. 더 나아가 자기다움은 자신이 속한 관계에서 '우리다움'으로 조화를 이루는 것을 말한다. 나는 자기다움은 아름다움이라고 말했다. 아름다움은 '자신을 알아 가는 것'이다. 자신을 알아 가는 것, 전체가 아니라 부분으로 전체를 조화롭게 하며 그 안에서 자신을 잃지 않는 것이 바로 '자기다움'이다.

  나에 대해서 끊임없이 알아 가고 배워 가는 것이 진정한 자기다움이다. '자기다움'을 통하여 자신이 왜 여기에 머물다가 떠나가는지를 알게 되는 것이 인생의 의미이자 목적이 아닐까?

나는 배웠다

나는 배웠다
- Omer B. washington

다른 사람으로 하여금
나를 사랑하게 할 수 없다는 것을 나는 배웠다.
내가 할 수 있는 일이 있다면 사랑받을 만한 사람이 되는 것뿐이다.
사랑은 사랑하는 사람의 선택이다.
내가 아무리 마음을 쏟아 다른 사람을 돌보아도
그들은 때로 보답도 반응도 하지 않는다는 것을 나는 배웠다.

신뢰를 쌓는 데는 여러 해가 걸려도
무너지는 것은 순식간이라는 것을 배웠다.

인생은 무엇을 손에 쥐고 있는가에 달린 것이 아니라
믿을 만한 사람이 누구인가에 달려 있음을 나는 배웠다.

우리의 매력이라는 것은 15분을 넘지 못하고
그다음은 무엇을 알고 있느냐가 문제임도 나는 배웠다.

다른 사람의 최대치에 나 자신을 비교하기보다는
나 자신의 최대치에 나를 비교해야 한다는 것을 나는 배웠다.

그리고 또 나는 배웠다.
인생은 무슨 사건이 일어났는가에 달린 것이 아니라
일어난 사건에 어떻게 대처하는가에 달려 있다는 것을…
무엇을 아무리 얇게 베어 낸다 해도
거기에는 언제나 양면이 있다는 것을 나는 배웠다.

나는 배웠다.

사랑하는 사람들에게는
언제나 사랑의 말을 남겨 놓아야 한다는 것을…
어느 순간이 우리의 마지막 만남이 될지 아는 사람은 아무도
없다.

해야 할 일을 하면서도 그 결과에 대해서는
마음을 비우는 자들이 진정한 의미에서 영웅임을 나는 배웠다.

사랑을 가슴속에 넘치게 담고 있으면서도
이를 나타낼 줄 모르는 사람들이 있음을 나는 배웠다.

나에게도 분노할 권리는 있으나
타인에 대해 몰인정하고 잔인하게 대할 권리는 없다는 것을 나
는 배웠다.
우리가 아무리 멀리 떨어져 있어도
진정한 우정은 끊임없이 두터워진다는 것을 나는 배웠다.

그리고 사랑도 이와 같다는 것을…
내가 바라는 방식대로 나를 사랑하지 않는다 해서

나의 모든 것을 다해 당신을 사랑하지 않아도 좋다는 것이 아님을 나는 배웠다.

또 나는 배웠다.
아무리 좋은 친구라고 해도 때때로 그들이 나를 아프게 하고 그렇다고 하더라도 그들을 용서해야 한다는 것을…

그리고 타인으로부터 용서를 받는 것만으로는 충분하지 못하고 내가 나 자신을 때로 용서해야 한다는 것을 나는 배웠다.

나는 배웠다.
아무리 내 마음이 아프다고 하더라도
이 세상은 내 슬픔 때문에 운행을 중단하지 않는다는 것을 나는 배웠다.
환경이 영향을 미친다고 하더라도 내가 어떤 사람이 되는가 하는 것은 오로지 나 자신의 책임인 것을 나는 배웠다.

나는 배웠다.
우리 둘이 서로 다툰다고 해서 서로 사랑하지 않는 게 아님을…

그리고 우리 둘이 서로 다투지 않는다고 해서
서로 사랑하는 게 아니라는 것도 나는 배웠다.

밖으로 드러나는 행위보다 인간 자신이 먼저임을 나는 배웠다.
두 사람이 한 가지 사물을 바라보더라도
보는 것은 완전히 다르다는 것도 나는 배웠다.

그리고 또 나는 배웠다.
앞과 뒤를 계산하지 않고 자신에게 정직한 사람이
결국은 우리가 살아가는 데서 앞선다는 것을…

내가 알지도 보지도 못한 사람에 의하여
내 인생의 진로가 변할 수도 있다는 것을 나는 배웠다.

나는 배웠다.
이제는 더 이상 친구를 도울 힘이 내게 없다고 생각할 때에도
친구가 내게 울면서 매달릴 때에는
여전히 그를 도울 힘이 나에게 남아 있음을 나는 배웠다.

글을 쓰는 일이 대화를 하는 것과 마찬가지로
내 마음의 아픔을 덜어 준다는 것을 나는 배웠다.

나는 배웠다.
내가 너무나 아끼는 사람들이 너무나 빨리
이 세상을 떠난다는 것을…

그리고 정말 나는 배웠다.
타인의 마음을 상하게 하지 않는다는 것과
나의 믿는 바를 위해 내 뜻을 분명히 밝힌다는 것.

그러나 이 두 가지 일을 엄격하게 구분하는 것이
얼마나 어려운지를 나는 배웠다.

나는 배웠다.
사랑하는 것과
사랑을 받는 것의 그 모두를…

나는 이 시를 31세에 읽었다. 나도 내가 알고 것들을 이 시의 운율에 따라서 적어 보았다. 하지만 A4 용지 반장을 채우지 못하고 그대로 쓰레기통에 집어 던졌다. 아마 이때부터 내가 '자기다움'에 관한 고민을 시작했던 것 같다. 아마 이렇게 시작했던 것으로 기억한다.

나는 알았다
내가 좋아하는 것과 내가 잘하는 것이 내가 아니며
내가 비전이라고 말했던 것이 사실은 상상과 망상의 경계선에 박힌 꿈을 향한 이정표라는 것을.

나는 알았다
내가 알고 있는 대부분의 것들이 남의 생각이며, 나는 그들의 생각을 인용만 해 왔다는 것을 알았다.
행동으로 알게 된 나의 체험만이 나의 것이라는 것을 알았다.

나는 알았다
내 안에 자기다움을 이루는 것이 없다는 것을.

작전명; 새벽 나라에 사는 거인

내가 쓴 《새벽 나라에 사는 거인》은 원래 책 제목이 아니라 1999년에서 2002년까지 준비하던 창업의 '작전명'이었다. 우리나라 사람들이 가장 많이 알고 있는 작전명은 맥아더 장군의 인천상륙 작전명이던 크로마이트(Chromite)다. 세계 언론에서 가장 많이 떠들던 작전명은 사막의 폭풍(Desert Storm)으로서, 1991년 걸프전 당시 미군을 중심으로 한 연합군의 바그다드 공습 작전명이다.

군인들이 작전명을 쓰는 이유는 비밀리에 자신의 업무를 수행하기 위한 보안 통신 전략 중에 하나다. 전쟁 중에 작전 참모들은 전투에서 승리하기 위해 몇 가지의 선택안을 결정한 후, 상황에 따라서 최선의 전략을 선택한다. 전투의 전략과 전술은 철저히 적의 약점에 자신의 강점을 집중하는 데 있다. 생명이 걸린 문제이기에 단 한 번만으로 승리할 수 있는 작전을 짜야만 한다. 이때 적에게 병력의 이동과 변화가 노출된다. 따라서 적이 어느 정도 눈치를 채고 있더라도 일사불란하게 작전을 수행할 수 있는 비밀 행동 지령이 필요하다. 이 행동 수칙에 '작전명'이 부여된다.

《새벽 나라에 사는 거인》은 1995년부터 본격적으로 연구한 새벽 시간과 가치 활용을 정리한 책이다. 이때 나는 '가치로 자기다움'이라는 주제를 연구하였고, 나의 자기다움을 위해서 새벽 지식이라는 컨셉을 만들었다. 그러나 이 컨셉을 만든 것은 책을 쓰기 위함이 아니라 가치 지향적인 브랜드 컨설팅 회사를 만들기 위한 일종의 사업 계획서였다.

2007년에는 '새벽 거인'이라는 작전명을 《유니타스브랜드》라는 잡지를 출간할 때 다시 사용했다. 2007년부터 2016년까지 사용하고 있는 작전명은 GBGE(Good Brand is Good Ecosystem)라는 것인데, 이것은 브랜드 컨설턴트에서 브랜드 전문지 편집장으로서 변화해야 할 나의 혁신 지식과 자기다움에 대해서 정의한 작전이다. 2016년부터 2026년까지 쓰게 될 작전명은 브살렐(bezalel)이다. 50년 동안 배운 지식을 완전히 다른 지식과 연결하여 새로운 지식을 만들 계획이다.

하지만 내가 쓰는 작전은 군대의 작전과는 전혀 다르다. '작전'이라는 뜻으로도 사용하는 오퍼레이션(Operation)의 어원은 라틴어인 Operari(일하다, 제작하다, 만들다)다. 현재 이 단어는 작용, 조작, 시행, 실시, 효과, 영향, 운영 그리고 수술이라는 뜻으로 사용한다. 내가 업무, 생활, 일, 비즈니스, 생계 그리고 일상을 오퍼레이션(Operation)이라고 부르는 진짜 이유는 전투의 작전보다는 '수술'이라는 의미 때문이다. 나에게 일이란 다름 아닌 나를 고치고, 치료하고, 자기다움을 치유하는 영적 수술이다.

사람들에게 자기다움이 무엇이냐고 물어보면, 순간적으로 자신이 가지고 있는 것 중에서 '자기만의 것'을 찾으려고 한다. 그러나 곧 자기만 소유한 것이 없다는 것을 알게 된다. 다음 단계로 자신이 좋아하는 것과 잘하는 것을 생각하려고 한다. 이것도 바로 말할 수 있을 만큼 확신이 없다. 그래서 이 질문에 답할 수 있는 사람은 지극히 드물다.

나는 이 질문을 수년 동안 스스로 해 오면서 결국 나에게는 답이 없다는 결론을 내렸다. 내게 있는 자기다움을 생각해 보면 부끄러울 정도로 가득한 탐욕, 위선, 부족함과 더러움뿐이다. 이런 부족함을 독서와 수련만으로는 완성할 수 없었다. 오히려 심한 자괴감으로 자기다움의 상실감만 한없이 커져 갔다. 나는 이 질문 때문에 드러나게 된 부족하고 치유해야 할 것들의 목록을 작성했다. 이것을 극복하기 위해서 별도의 프로그램이 아닌 일상에서의 훈련과 결과치를 설정했다. 그렇게 나는 내 안에서 어설픈 '자기다움'을 찾는 대신에 '자기답고 싶은 것'을 선택해서 내 것으로 만들기로 했다. 내가 나답기 위해서 받아들인 가치로 나의 모든 것을 그 기준에 맞춘 후 일을 통한 실패와 성공을 반복해 가면서 조금씩 앞으로 나아갔다.

이것은 특별한 방법과 지식이 필요한 것이 아니다. 일상의 일들을 훈련으로 여기고 최종 결과물을 위한 마지막 노력을 수술로 생각하면 된다. 나답고 싶은 나를 생각하면서 일로서 나를 조정하며 최종 모습인 나를 만들었다. 이것은 남이 칭찬하는 얼굴을 갖는 성형수술이 아니라, 나의 얼굴을 찾는 영적인 수술이다.

물론 1995년부터 시작한 '작전'과 '수술'이 모두 성공적인 것은 아니었다. 크게 4단계로 계획된 오퍼레이션(작전/수술)은 각각의 오퍼레이션당 약 10개의 세부 오퍼레이션이 있었다. 그중에서 계획대로 성공한 경우는 1/10에 불과하다. 비록 원래 계획한 것을 얻는 것에는 실패했지만 이 과정에서 예상치 못한 값진 결과물을 얻었다. 이 작전의 목적은 계획된 일이 결과적으로 실패하더라도 실행하면서 '자기다움'을 이해하고, 내가 세운 가치와 나를 동기화시켜서 자기다움을 구축하려는 노력 그 자체다.

나의 별자리와 나의 일자리

 눈으로 볼 수 있는 밤하늘의 별은 수백억 개라고 한다. 도시의 밤하늘만 보아 온 사람들에게는 상상조차 할 수 없는 장관이다. 그런데 이 수백억 개의 별 중에 공식적인 별자리는 겨우 88개뿐이다. 각국의 별자리 이야기를 다 모아도 1,000개를 넘지 못한다. 별의 수에 비해서 터무니없이 적은 수이지만, 이 별자리들은 문서로 작성되지 않고도 4000년을 넘게 구전으로 전승되고 있다. 만약 당신이 수많은 별을 바라보면서 89번째 별자리를 만든다면 어떤 별들을 이어서 만들까? 그 별자리의 이야기는 무엇일까?

 사람들은 분명 죽어 가고 있는데 마치 영원히 살 것처럼 현재를 살아간다. 인간의 수명이 평균 80세라고 한다면 29,200일을 사용할 수 있다. 어쩔 수 없이 써야 하는 취침, 이동 시간 그리고 식사 시간을 하루 12시간으로 계산한다 해도 사용 가능한 날은 14,600일이다. 만약 현재 나이가 40세라면 7,300일을 쓸 수 있다. 은퇴가 60세라고 하면 은퇴까지 3,650일이 남는다.

 그러나 이 시간을 모두 자기다움을 위해 쓸 수 있는 것은 아니다. TV 시청, 인터넷 검색, 여가 등 남과 함께 보내야만 하거나 어쩔 수 없이 의미 없게 사용할 수밖에 없는 시간을 빼고 나면 약 1,500일 정도를 쓸 수 있다. 이것을 연수로 따지면 불과 4년이다. 자연사로 죽을 때까지 내가 '내가 되는 시간'은 불과 4년밖에 없다.

내가 이 4년 동안 할 수 있는 일은 무엇일까? 하지만 이 시간 역시 목돈 받는 것처럼 통째로 받아 쓸 수 있는 것이 아니다. 일상으로 겹겹이 둘러싸인 자투리 시간이다. 이런 시간을 활용해서 나만의 이야기, 나만의 별자리를 이야기하려면 시간을 흐름으로 사용하지 않고 부분에서 전체로 이해해야 한다.

별자리를 만들기 위해서 밤하늘의 별과 별을 손으로 그어 연결하지만, 그 거리는 우리가 상상도 못하는 몇 백만 광년이다. 고대인들은 그런 별들을 연결해 이야기를 만들었다. 이것처럼 자신의 일들을 연결해서 이야기를 만들어야 한다. 예를 들어 지금 내가 하고 있는 잡지 편집은 어제 완성된 것이 아니다. 이 일의 기원은 지금으로부터 30년 전으로 돌아간다. 중학교 때 나는 문예반이었고, 고등학교 때는 신문 편집반이었다. 실력이 뛰어나서 들어간 것은 아니고 단지 글쓰기를 배우려고 들어갔다. 1992년에 출판사에 입사했고, 다른 업종에서 6년 동안 일하다가 2000년에 또다시 출판사에 입사했다. 2001년에는 컨설팅 회사를 운영하면서 출판 부서를 만들고 4권의 책을 발행했다. 2007년에는 본격적인 출판 잡지 회사를 창업했다. 물론 내가 처음부터 출판을 목적으로 출판 회사를 찾아다닌 것은 아니다. 출판과는 관계없는 문화 기획자로 출판사 문화팀에 입사했고, 2000년에 입사한 출판사도 역시 문화 사역 본부장으로 입사했다. 출판사 설립 역시 컨설팅 회사에서 부가적인 비즈니스 모델로 출발한 것이었다. 지금의 〈유니타스브랜드〉 역시 처음부터 잡지를 기획하고 만든 것이 아니라 광고회사의 카탈로그를 만들다가 시작한 일이었다.

30대 후반까지 나는 단 한 번도 지금처럼 잡지 출판사를 운영하겠다는 생각을 해보지 않았다. 하지만 '자기다움'을 구축하는 삶을 살다 보니, 결국 이 일을 하고 있다. 돌이켜 보면 이미 수십 년 동안 지금 하고 있는 일을 직간접적으로 하고 있었는데, 왜 40세가 되어서야 이 일이 내 일이라는 것을 알게 되었을까? 물론 여러 번 다른 일을 하려고 시도해 보았지만 결국 나는 이 일을 하고 있다. 나는 40대부터 지난 나의 시간과 사건을 연결하면서 '자기다웠던 일'들의 퍼즐을 모았다. 과거를 돌이켜 보니 비로소 미래의 큰 그림 안에 서 있는 나의 모습이 보였다.

별자리를 만들기 위해서 밤하늘의 별과 별을 손으로
그어 연결하지만, 그 거리는 우리가 상상도 못하는 몇 백만 광년이다.
고대인들은 그런 별들을 연결해 이야기를 만들었다.
이것처럼 자신의 일들을 연결해서 이야기를 만들어야 한다.

별자리를 만들기 위한 하늘의 별은 충분하다. 그러나 중요한 것은 별이 아니라 이야기다. 밤하늘의 별처럼 나의 인생 역시 수많은 시간과 사건들로 흩어져 있다. 나의 별자리를 만들기 위한 시간은 충분히 있다(고 생각할 수 있지만 사실은 없다). 부족한 것은 앞으로의 이야기를 만들어 갈 '자기다운 일'이다.

자기다움으로 자기 일을 하라는 것은 '열심히' 하는 것을 넘어선다. 자기다움으로 일하는 것은 자기가 추구하는 가치와 주어진 일을 결합해서 오직 자기만이 할 수 있는 가치(정신)와 작품(상품)을 만드는 것을 뜻한다. 내가 했다는 것을 모든 사람이 한눈에 알아볼 수 있도록, 어떤 일이든 나의 '자기다움'의 지문이 선명하게 남아 있어야 한다.

수많은 시간 속에서 수많은 일을 자기다움으로 하다 보면, 언젠가는 밤하늘의 별 중에 유독 눈에 띄는 별처럼 내가 했던 일이 빛나는 것을 볼 수 있다. 그런 일들을 연결하면 나의 이야기를 말할 수 있는 별자리, 그러니까 일자리에서 나의 이야기를 들려줄 수 있다. 일자리의 사전적 뜻에는 수입을 얻을 수 있는 일이라는 뜻도 있지만 '일을 한 흔적'이라는 의미도 있다. 내가 일을 한 곳에서 내가 존재했다는 흔적이 바로 자기다움의 그림자다.

지금 하고 있는 일이 어제와 같은 일인가? 혹시 누군가와 같은 일을 하고 있는가? 어제와 같고 누군가와 같은 일이라고 해도 나만의 자기다움으로 나의 것으로 창조해야 한다. 창조할 때, 내가 만든 세상에서 살 수 있다.

누군가 나에게 사무실에 널려 있는 1,000권의 책을 정리하고 퇴근하라고 한다면 어떻게 할까? 지시대로 1,000권을 책장에 빨리 집어넣고 퇴근할 수 있다. 이번 일이 나를 평가하는 테스트일 수도 있다고 생각하면, 아마 신경 써서 주제별로 정리할 것 같다. 더 세부적으로 책 표지별, 저자별로 정리할 수 있다. 여기에 책의 목록을 작성하여 엑셀 파일로 만들어 제출할 수도 있다.

그러나 이것은 나의 '자기다움'인 '호기심'에 의해서 결정한 것은 아니다. 나의 자기다움으로 한다면, 나는 정리된 책들 중에 가장 많이 읽은 책들을 따로 정리할 것이다. 포스트 잇이 붙여진 책들을 잘 살펴보고, 특별히 밑줄 친 곳은 복사할 것 같다. 줄을 치고 빈칸에 무엇인가를 쓴 책들 중에서 도움이 될 만한 책들은 내가 별도로 구매해서 헌책과 바꿀 수도 있다. 만약 어떤 사원이 특별한 주제를 가지고 관련된 책들을 읽는 것을 알게 된다면 다음날 그에게 가서 그 이유도 물었을 것이다. 비록 책을 정리하는 것은 지시된 '일'이지만, 이것으로 나의 자기다움인 '호기심'을 개발하고 구축할 수 있다.

만약 내가 자본금 3,000만 원을 가지고 떡볶이 집을 한다면 어떻게 할까? 먼저 나는 자전거와 사진기를 들고 부산에서 서울로 올라오면서 맛집으로 유명한 떡볶이 집 1,000개를 방문할 것이다. 비법도 물어보고, 사진도 찍어서 블로거에 올리고, 트위터와 페이스북을 통해서 진정한 떡볶이의 맛을 설파할 것 같다. 그렇게 6개월을 떡볶이의 진정한 맛을 찾은 후에 《떡볶이》라는 책을 출판하고 떡볶이 집을 낼 것 같다.

만약에 내가 마트의 캐셔 직원이라면 어떻게 할까? 다른 계산대는 비어 있어도 내 계산대만큼은 줄을 서서 계산하게 하는 방법을 연구할 것 같다. 나의 자기다움은 '호기심'이고 이것을 자기답게 하는 방법은 '창의성'이다. 나는 모든 면에서 나만의 방법으로 창조적으로 하려고 한다.

나는 창의성이야말로 자기다움을 구축하는 최고의 길이라고 생각한다. 나의 창의성으로 나답게 일을 하고, 그 일의 궤적을 분석하여 '자기다움'을 구축할 수 있다고 믿는다. 이것이 이 책의 결론이고 핵심이다.

2012년 런던 장애인 올림픽 개막 연설에서 스티븐 호킹 박사는 이렇게 말했다.

"우리는 합리적인 법칙에 의해서 움직이는 우주 속에서 살고 있다. 때문에 우리는 우주를 탐험하고 이해할 수 있게 되었다. 우리가 보고 알게 된 것을 이해하려고 노력하고 무엇이 우주를 존재하게 하는지 궁금해해야 한다. 호기심을 가져야 한다. 당신의 발만 보지 말고 고개를 들어 별들을 바라보라. 우리는 모두 다르다. 따라서 어떠한 표준도 없고 '평범하다'는 것은 말이 안 되는 말이다. 그럼에도 공통점이 있다면 인간 정신이다. 바로 무언가를 창조하는 능력이다."

우리는 스마트한 세상에서 적응하며 살기 위해 자기만의 창조 능력을 소멸시키고 있다. 노트를 사용하는 것도 애플리케이션이 주는 규칙에 의해서, 책을 읽는 것도 인터넷이 주는 사용자 환경에 의해서, 정보를 얻고 생산하는 것도 모두 인터넷의 한계와 도구에 의해서 맞추어 산다. 잘 생각해 보자. 세상을 살면서 자기다움(창의성)으로 나답게 사는 것은 무엇일까? 거의 없다면 우리는 존재하고 있는 것일까?

어떤 일이든 창의성을 가지고 해보자. 분명, 시간이 지나 자신의 창의성으로 했던 것들을 모아 보면 자기다움을 볼 수 있을 것이다.

| 후기 |

그러면 성공할 수 있나요?

 '자기다움'은 성공이 아니라 창조와 성장에 관한 이야기다. 어린 아이는 천사와 같고 사랑스럽다. 하지만 이렇게 사랑스러운 아이가 10년 동안 아무것도 변하지 않는다면 그것은 기쁨이 아니라 슬픔이다. 작년과 비교해 지금의 나는 얼마나 성장했을까? 얼마나 벌었을까를 생각하지 말고 얼마나 나답게 되었는가를 스스로 물어보자. 성공은 비교의 대상이다. 자기다움으로 성공하는 것은 도대체 무엇을 얻고자 하는 것일까? 자기다움은 성공이 아니라 자기다움만큼 성장하는 것을 말한다.
 나는 '자기다움'이라는 진리를 탐구하는 심리학자 혹은 철학자가 아니다. 인문학자들의 말에 의하면 사람이 만든 상품을 이미지화해서 사람보다 '가치' 있게 만드는 일을 하는 장사치다. 환경론자들은 나와 같은 사람을 지구의 쓰레기를 대량 생산하는 선동가라고 말한다. 그렇게 불리는 내가 '자기다움'을 말하는 이유는 다음의 두 가지 질문 때문이다.

　나는 브랜드 컨설턴트이며 편집장으로서 브랜드를 창조하는 사람을 만나면 먼저 이렇게 묻는다. "이 브랜드의 자기다움은 무엇입니까?" 이 말은 왜 이 브랜드가 시장에 존재해야 하며 사람들은 왜 사야 하는가를 묻는 것이다. 이 질문에 대답하면 두 번째 질문을 한다. "당신의 자기다움과 이 브랜드의 자기다움의 공통점은 무엇인가요?" 브랜드의 궁극적인 차별화는 브랜드 창업주의 철학에서 시작되어 상품의 품질에서 완성된다. 나는 창업자의 '나는 누구인가?'라는 철학이 제품의 '이것은 무엇인가?'를 완성시킨다고 믿는다. 이 두 개의 질문은 창업자가 '자기다움'을 이해하지 못하면 답할 수 없는 질문이며 또한 그런 사람은 결코 브랜드를 만들 수 없다.

　그렇다면 브랜드를 만드는 사람에게 '자기다움'이 왜 그토록 중요할까? 경험적으로 '자기다움'을 추구하는 사람들은 '돈'을 자기의 중심에 두지 않는다. 그들은 '가치'를 자기다움에 두고, 그 가치는 가치 있는 관계를 만들어 가며 새로운 가치를 만든다. 따라서 브랜드를 만드는 사람이 자신의 브랜드에 '자기다움', 즉 가치를 투영한다면 그 브랜드는 세상을 가치 있게 만들 수 있다. 무엇보다도 '자기다움'을 소중하게 여기는 브랜드는

'우리다움'이라는 가치도 '자기다움' 안에 통합시킨다. 이미 우리 주변에는 자신의 '자기다움(가치)'을 통해서 선한 브랜드를 만들고 시장의 질서를 바꾼 사례가 많다(하지만 이런 브랜드도 쉽게 변질되어서 절대 기준이 될 만한 사례로 쓰기에는 위험하다).

나는 개인의 가치가 사회의 가치와 연결되고, 개인의 자기다움이 전체의 우리다움과 융합된 세상을 브랜드 생태계로 인식하고 있다. 나는 '자기다움'이라는 인문학적 가치로 창조된 브랜드만이 자연과 시장을 생태학적으로 연결하는 '우리다움'을 갖춘 브랜드가 될 수 있다고 믿는다. 나는 이런 생태학적 브랜드가 시장과 자연을 연결하면서 인간과 자연을 보다 가치 있게 만들 수 있다고 생각한다. 이 생각이 나의 세상을 창조하게 하며, 자기다움을 구축한다. '나는 세상을 브랜드로 이해하고 있다.'

"당신이 진짜 당신인지를 증명해달라!"
이 질문으로 자기다움을 찾기 위한 여정이 시작된다. 만약 당신이
스스로 하는 이 질문을 멈추지 않는다면 언젠가는 답할 수 있을 것이다.
그리고 그 대답이 바로 당신을 위한 자기다움의 정의다.

세상은 **브랜드**로 이루어졌다

유니타스브랜드는 올바른 브랜드 관점으로 브랜드의 핵심인 '브랜드 정체성'을 찾아주며, 브랜드의 차별점인 '브랜드다움'을 구축할 수 있도록 돕는 [브랜딩 아이덴티티 컴퍼니]입니다.

Media	Unitas BRAND Unitas VIEW unitasbrand.com Unitas BOOKS
Education	독자정기세미나 지식기부 컨퍼런스 UB 컨퍼런스 외부 교육 프로그램 특강 브랜드 창업 SOLUTION
Consulting	Branding Vision 코칭 & 자문 Branding Strategy Design Strategy
Tool	UNITAS MATRIX VIsgram

www.unitasbrand.com

유니타스브랜드 모든 컨텐츠는 **온라인**으로 보실 수 있습니다. [프리미엄 멤버십 / 온라인 / 오프라인]